根性論や
意志力に
頼らない

オウェイン・サービス
Owain Service
ローリー・ギャラガー
Rory Gallagher
国枝成美 訳

行動科学が教える目標達成のルール

Think Small
The Surprisingly Simple Ways to Reach Big Goals

Discover

THINK SMALL

by Owain Service and Rory Gallagher

序文

小《シンク・スモール》さく考えて、大《リーチ・ビッグ》きな目標を達成しよう

目標に向かって頑張る人をサポートする――だれしも、そんな立場になることがあるものだ。それは、総理大臣でも公務員でも親でも同じこと。サポートする相手は友だちや職場の同僚かもしれないし、自分の子どもやクライアントかもしれない。ときにはそれが自分自身の場合だってある。

もっと健康的な生活を送りたい、家族に対してイライラしたくない、自分で決めた目標を達成したい――われわれはみな心からそう望んでいる。だが、この世はさまざまな誘惑やプレッ

シャーでいっぱいだ。われわれの生活や考え方も、陳腐な習慣や方法論に染まってしまっている。ひとたび気が散ると――どうやったって気は散るものだ――避けなければならないと思っていた道にたちまち舞い戻ってしまい、目指していた目標が次第に遠ざかっていく。そんなことにもなりがちだ。

行動洞察チームは2010年にイギリス政府によって創設された組織だ。ほどなくしてナッジ・ユニットという通称で呼ばれるようになる。「人びとがより良い意思決定を行えるよう、従来の官僚的手段によらず、合理的に後押しする方法を見い出す」[序・1]――創設の根拠となった連立合意には、組織の狙いがこう明示されている。

このプロジェクトの成否や、そこで行動洞察チームが果たした役割についてはさまざまな意見があるだろう。[序・2]だが、「人びとがより良い意思決定を行えるよう後押しする」という基本的な考え方に異論はなかろう。親として、友人として、職場の同僚として、われわれは日頃からそれを実践している。それなら、もっと効果的な方法はないものだろうか――これがわれわれの問題意識だった。

特に、過去50年の行動科学の知見を用いて、自ら選択したことをやり抜き、目指すものを達成するためのより良いテクニックやスキルを、自分やまわりの人たちが身につけることはできないものだろうか――。

その答えは「イエス」だと私は考える。そして、本書が世に出た理由はまさにここにある。これらのツールをみなが手に入れること。それが何より重要なのだ。

私は常々、行動洞察チームの成果、あるいはもっと広く、心理学における学術的蓄積はもっとオープンになってよいと思ってきた。だがその理由は、組織の透明性を確保するためだけではない。これが「民主化」されるべき、つまり、だれにでも開かれた知識体系であるべきと考えるからに他ならない。

行動の足場

新たな習慣やスキルを身につけたり、（行動上の）目標を達成したりする際に必要とされる技術やロジックは、構造物をつくる際に必要なものと非常に似通っている。シンプルなアーチから自由の女神像に至るまで、どんな構造物でも綿密な計画と慎重な施工が必要だ。だが、ひとたび完成すると、それまでの難しい作業工程の数々は忘れ去られてしまう。

どんな構造物でも——行動上の仕組みであれ物理的な建造物であれ——存続しつづけるためには盤石な土台が必要だ。適切に設置され、重みと圧力に耐えられる土台でなければならない。つくりはじめの時点ではセメントや構造の強度は弱い。きちんと完成させるためには、足場を築いて、弱い結合部を支えなければならない。雨風を凌ぎながら足場づくりを続けなければならない。だが、それさえしっかりとやれば、足場やシートを取り除ける日が訪れる。そうしてつくりあげたものは、どんな目的のものであれ、その目的を果たすべく高く強く自立する。

著者のオウェインとローリーは本書において、心理学関連の幅広い文献や行動洞察チームから得た教訓を鉄柱や結合部に変換し、それらを用いて読者がそれぞれ自分の「行動の足場」を築けるようにした。

ちょうど本物の鋼鉄の足場のように、組み立てるにはスキルとプランが必要だ。工事現場の足場のそばを通る機会があったら、それがどれほど見事なテクニックによって強大な構造物を支えているかをぜひじっくり見てほしい。それは無秩序に束ねられたものではなく、静かに整然と固定されているはずだ。これと同じようなスキルと、目標達成に必要な諸要素を読者に授けようと試みたのが本書である。

私は本書を通じて、読者自身や読者が助けようとしている人が重要な目標を達成することだけを望んでいるのではない。みなに、その後の人生のさまざまな局面で役立つスキルを学んでほしいのだ。これこそ、これまでさまざまな心理学の文献が訴えてきたことに他ならない。[序・3]

自分の子どもは育児書どおりにはいかないものだとよく言われるが、われわれ大人もそうだ。思考や行動が複雑で多面的なのが人間というものである。

何がわれわれに一定の行動をとらせるのか、それをもっとも良い形で実現するにはどうしたらよいのか、最善のはずのプランが、まわりの環境のみならず、われわれ自身の内なる力や習慣に阻まれうまくいかなくなるのはなぜなのか――これらの疑問に対し、人間の「本能」はまだ明確な答えを出せていない。だが、本書が、読者や読者のまわりの人にとって重要な何かをやり抜く一助となることを願っている。

また、公共サービスに従事する人や、人の目標達成を支援する仕事に携わっている人たちにも、本書は大いに役立つと期待している。教師、医者、ソーシャルワーカー等々――これらの職種の人たちは、言わば善良な「ナッジャー《ナッジする人》」であり、彼らのスキルと献身的な働きのおかげで、われわれは学びを深め、よりよく生きることができる。

本書と本書の主張の根拠となっている数多くの研究結果が彼らの仕事に少しでも役立つとすれば、それこそが、われわれ行動洞察チームにとっての大きな成果だ。

さあ、上手に賢くナッジしよう――健闘を祈る！

行動洞察チーム　CEO
デービッド・ハルパーン

はじめに

ジョブセンターで

ロンドン郊外、エセックスのジョブセンター。ポール（はじめに-1）は面談の順番を待っている。24歳。これまで何度か警察のご厄介になったことがあり、ろくな仕事に就けたためしがない。それでも、これまでは何とかなっていた。たいてい仕事はすぐに見つかった。ちゃんとした仕事もそうでもない仕事もいろいろやった。

だが、時代は変わった。２０１１年5月、ときはいわゆるグレート・リセッションの真っただ中。かつてはポールを採用したであろう雇用主たちも、にわかに慎重になりはじめた。ポールの失業状態は7カ月におよび、状況はますます厳しくなっていた。幼い娘を養わなければならないし、家賃も滞りはじめていた。何が何でも仕事を見つけなければ。ポールはプライドをかなぐり捨てて、ジョブセンターに駆け込んだ。

机をはさんでポールの向かいに座っているのはメリッサだ。何年も職探しの支援業務に携わってきたベテランだが、ここにきて仕事の仕方に不満を感じるようになっていた。毎日毎日、求職者が大量の書類に記入するのをサポートするだけの日々――所得の計算書類や社会保障給付関連書類、さらには、一連の書類に記入したのが本人であることを証明するための書類まである。

メリッサはこの1年、多くの求職者が徐々に自信とモチベーションを失っていくのを目の当たりにしてきた。もっと彼らの力になりたい。その思いとは裏腹に、制度や経済に抗い、サポートすべき求職者とさえも対峙しているような気分になることも多かった。

そんなメリッサとポールだったが、ある新たな取り組みに参加したことですべてが変わった。新たな取り組みと聞くと、知ったかぶったコンサルタントチームや目新しいテクノロジーを売りにした、数百万ポンドもするような胡散臭いプロジェクトを想像しがちだが、そうではなかった。

その取り組みとは、メリッサがポールたち求職者へのサポートの方法を少しだけ変えることに力点を置いたものだった。ひとつひとつはささいな変化だが、それらを組み合わせることによって、就職活動開始から最終的な採用に至るまでのポールの取り組み姿勢をがらりと変えるものになったのだった。

いつものメリッサなら、求職者に書類の記入から始めてもらうのだが、今回はポールに、なぜジョブセンターに来ることにしたのか、なぜ仕事を得ることが自分にとって重要なのかを考えてみるよう促した。するとポールは、家族を養いたいからだと答えた。これまでは、こうした会話をする余裕もなければ、その必要も感じていなかったのだが、今回はごく自然に口をついて出た。

次いでポールに、仕事復帰に向けた具体的目標を設定するよう伝えた。強気な目標としつつも、就職事情が厳しいことも踏まえ、現実的なものとするよう言い含めた。ポールは、3カ月以内に、できれば建設業界で仕事を見つけたい、という目標を設定した。

さらにメリッサは、この目標をいくつかのステップに分解するようポールに勧めた。ステップとは、たとえば、履歴書をアピール力のあるものに書き換える、求人広告に応募する、建設業界に勤める友人に頼んで上司に口を利いてもらう、就きたい建設の仕事に必要なツールを入手する等々だ。これらのステップをひとつずつ着実にこなしていくと、仕事を得るという最終的な目標が、実はそう遠いものではないという手ごたえを感じられるようになる。ステップをこなすうちに、自分は着実に前進しているという実感が得られ、これが更なるモチベーションの向上につながっていくのだ。

その後、ポールは2週間おきにメリッサと面談し、都度、次にどのステップをいつ行うかを具体的に考えるようアドバイスされた。彼はこれらのタスクをひとつひとつ書き出し、自分の日々のルーティンとリンクさせるようにした。たとえば、月曜日の朝食後に必ず3件の応募書類を発送する、といった具合だ。こうすることによって、1日あるいは1週間のなかでのある時点と、やらなければならないタスクとを意識的にリンクさせやすくなる。

さらにポールは、個々のステップを書き出したものに署名をする、ということもした。署名という行為を通じて、その週のタスクをやり遂げるという自分の積極的なコミットメントをメリッサに示したわけだ。

ポールにとってもメリッサにとっても、この取り組みは新たなスタートとなった。メリッサはもう管理業務に追われることはなくなったし、ポールも主体性を取り戻せた気がした。

とはいえ、結果がすぐに表れたわけではなかった。ポールは応募書類を送りつづけたが、手ごたえはないままだった。だが、メリッサの後押しを支えに努力を続けた結果、ポールは3カ月後に建設現場での仕事を得た。

彼は後にこう語っている――メリッサのサポートのおかげで、自分は新たな人生の目標を見い出すことができた、妻との関係も改善され、幼い娘を養う生活力を得ることもできたと。

行動科学

われわれがジョブセンターで取り組んだ求職サポートの新たな手法は、いまではイギリス全土に導入され、年間900万人もの求職者を短期間で雇用に結びつけている。その手法はすべて、行動科学の研究から得た知見、すなわち「行動洞察」に基づいており、本書でもこれらのアイデアを多数取り上げている。

話を先に進める前に、本書の内容の拠り所となる基礎理論について、ぜひともここで詳述しておきたい。その理論とは、**人間の意思決定や情報処理の方法には2種類ある、**とする考え方だ。

「二重過程理論」と呼ばれるこの考え方は、ノーベル経済学賞を受賞した心理学者ダニエル・カーネマンがその著書『ファスト&スロー』（村井章子訳、早川書房）(はじめに・2)のなかで提唱し、広く認知されるようになった。

「ファストシステム（速い思考）」とは、意識的な努力や自発的なコントロールなしに自動的に作動する思考システムのことだ。たとえば、「草は何色か？」とか「1＋1は？」と訊かれたときに作動するシステムがこれだ。質問に対し、緑という色や数字の2という回答が、自分の意思とは関係なくパッと頭に浮かぶはずだ。

これに対し**「スローシステム（遅い思考）」とは、意識的な注意が必要となる思考システムだ。**たとえば、「12×19は？」と訊かれたときや、いつもより速いペースで歩くよう指示されたときに作動するのがこのシステムだ。（はじめに・3）よほど優秀な数学者か、普段から歩くペースを変えることに慣れている人でないかぎり、これらの活動は努力を要するものに感じられ、意識的な注意が必要となる。

このふたつのシステムが働くのは、単に色を識別したり、数学の問題を解いたり、普段と違うペースで歩いたりするときだけではない。あらゆる意思決定の際に常に作動している。目標を設定したり、その達成に向けてどう行動すべきかを考えたりするときも例外ではない。問題は、これらふたつのシステムの相対的な長所と短所や、これらが互いにどのように影響し合っているのかを知らない人があまりにも多いことだ。

たいていは、目標を立てたら、内省的なスローシステムの力を大いに借りながら、集中力と注意力を働かせて達成を目指すものと考えがちだ。人間が無限の情報処理能力を持っているのであれば何ら問題はない。だが、実際はそうではない。カーネマンによれば、われわれが自らの活動に振り向けられる注意力の総量には限度があり、それを越えようとすると破綻するという。（はじめに・4）実際に12×19の計算をやりながら、同時に次のパラグラフを読んでみれば、われわれの言っている意味がわかるはずだ。

もっとわかりやすい例を挙げよう。ダイエットのときに、カロリー制限した食生活を1日や2日ではなく、何週間も続けるのがいかに大変かを考えてみてほしい。ここで必要とされる認知努力は想像以上に厳しいものだということがおわかりいただけるだろう。

言いかえるなら、われわれはごく普通の人間《ヒューマン》であって、古典的な経済学の教科書に出てくる「エコノ（完璧な経済人）《ホモ・エコノミクス》」（アルベルト・アインシュタインのような頭脳とガンジーのような強固な意志力を備えた人たち）ではないということだ。（はじめに・5）われわれの認知「処理能力」（はじめに・6）には限界があり、いつもスローシステムに頼ることはできないのである。

多くの人はこのふたつのシステムの関係を誤って解釈している。すなわち、スローシステムこそが脳の「賢い」部分であり、熟考せずに結論に飛びつきがちな「愚かな」ファストシステムと絶えず戦っている、と理解しているようだ。このように特徴づけると、たとえば、ダイエットの際、スローシステムはカロリー計算をしようとしているのに、ファストシステムがチョコレートバーを見つけ、素早くつかみ取ろうとする、ということになるはずだ。

だが、こう考えてしまうと、ファストシステムが実は精緻な働きをしていることを見落としてしまう。かつてないほど複雑化したこの世界を生き抜くうえで、われわれはこのシステムに大いに助けられているのである。

車の運転を始めたころのことを思い出してみてほしい。極度の集中力が継続的に求められる、大変に労力の要る作業だったはずだ。このときはスローシステムがフル回転していた。これに対し、いま運転するときはどうだろう――ファストシステムのもとで、無意識と言っていいほど楽に操作できているのではないだろうか。

ときにファストシステムは、われわれを好ましくない方向（ついつい食べすぎたり、老後のための貯蓄を怠ったり、やるべき仕事を後回しにしたり等々）に仕向けることがある一方で、われわれを目標の達成へと向かわせるカギを握っているともいえるのだ。

本書は、最新の行動科学の研究結果をもとに、あなたを目標の達成へと導く。シンプルなフレームワークを用い、スローシステムをうまく使いこなして、ファストシステムが最適な局面で作動するよう促す。

フレームワークの大部分は、いま内省的なシステムを使って将来の自分の行動の足場をつくるというものだ。その過程において、小さなディテールが想像以上に重要になってくるということをここで強調しておきたい。

大きなこと《リーチ・ビッグ》を達成するには、小さく考える《シンク・スモール》ことこそが大切なのだ。

他者に対するナッジからセルフナッジへ

本書のコアとなるアイデアは、過去50年におよぶ学術的研究のみをベースにしたものではない。2010年、イギリスのデーヴィッド・キャメロン氏が首相就任後まもなく立ち上げた行動洞察チーム（通称ナッジ・ユニット）の各種プログラムにおいて、6年間にわたり実証されたさまざまなアイデアに基づいている。同チームの目的は創設当時から変わっていない。すなわち、行動科学の研究から得た知見を社会に実装し、人びとをより良い意思決定へと促すことである。

2010年当時、同チームに対する一般の見方は否定的だった。マスコミも懐疑的な論調で、ジャーナリストたちの間では、新政府が本腰を入れた新たな取り組みというよりは、小手先の施策としか受け止められていなかった。抵抗勢力は当の政府関係者にも少なからずいた。政府たるもの、大きな支出を伴う施策や新たな法案、インパクトのある声明等に注力すべきだというのが彼らの主張だった。大きく考えること《ビッグ・シンキング》がまさに時代の要請であった。

かく言うわれわれも、トニー・ブレア、ゴードン・ブラウン両首相当時の首相付き戦略室に在籍していたころは、大きく考える派だった。15年後の地方自治体のあり方を一から考えるとか、生徒の学業成績を向上させるために学校システム全体をいかに改革すべきか、といった壮大な発想に走りがちだった。

確かに、こういう大掛かりな戦略的取り組みが有効なケースも多い。だが、いざ実行段階になると、机上の戦略と現場の実態との間にギャップが生じる場合もある。

そこでわれわれは行動洞察チームの立ち上げを機に、これまでの政策立案の方法論をあえて放棄し、政府の施策が人びとの日々の意思決定にどのような影響を与えたかをよりよく理解することに努めた。そのためには、大きくではなく小さく考えることから始める必要があった。


まずはエビデンスの集め方から変えていった。机上を離れ、公共サービスが実際どのように実施されているかをじっくりと観察することから始めた。何週間もジョブセンターを視察し、ポールたち求職者が職を得やすくなるよう変更を加えた。裁判所から課された罰金をなぜ期限内に支払わない人が多いのか、裁判所職員とともに直接調査にあたった（その結果、罰金を延滞していることにすら気づいていない人が多いこともわかった）。期限内に税金を支払わない人が多い理由を突きとめようと、大量の納税書類に目を通したりもした。

どの作業においても、長年の行動科学分野における研究の蓄積を活かし、どのようにやり方を変えられるかを提案していった。あわせて、世界の第一線で活躍する行動科学者たちからも数多くのアドバイスをもらった。『実践行動経済学：健康、富、幸福への聡明な選択』（遠藤真美訳、日経BP社）共著者のひとりであるリチャード・セイラー氏もそのひとりで、その後もずっと貴重な助言をわれわれに与えてくれている。

壮大で斬新な施策を打つのではなく、いくつもの小さな変化を積み重ねることで大きなインパクトをもたらし、従来のやり方をより良い方向に変える余地はたくさんあった。税金滞納者への督促状にたった一文――大多数の人たちが期日どおりに納税していることを示す一文――を追加するだけで、何億ポンドもの滞納が解消されたし、簡単なメッセージを付すだけで、裁判所職員が出向くまでもなく、罰金支払い率を3倍にすることもできた。失業者の求職活動の方法にちょっとした工夫を凝らすだけで、何千人もの人たちを早期に職に就かせることが可能になった。

　こうした小さな変化が効果をもたらすという確証があったのは、政策立案プロセスにおいて、変更したことが実際に効果をもたらしているかを徹底的に検証するやり方を導入したからだ。小さな変更を実施するごとに「ランダム化比較試験」を行い、新たな介入（新しい滞納税督促状や求職活動プロセス）を受けた人に起きた変化と、介入を受けていない（従来のやり方を適用した）人に起きた変化とを比較した（はじめに・7）。

　われわれはこのテストにより、臨床試験を実施した医者と同じように、その効果がわれわれによる変更の結果であり、別のファクターによるものではないことを実証できた。

　政策の本格導入前にテストを行うのは当然のことと思うかもしれない。だが、当時は、われわれがこうしたテストを行うこと自体、前例のない、きわめて斬新な試みだった。テストの結果が着々と蓄積されたことで、根強かった懐疑論は下火になっていった。

こうしてわれわれは、小さな変更でも、いくつも積み重ねることで大きなインパクトをもたらすことができると実証していった。マスコミは行動洞察チームによる新たな発見を記事に取り上げるようになったし、(はじめに・8)政府関係者も自分が主管する分野に適用できそうなアイデアをわれわれに提案してくるようになった。政策立案の仕方を変えるためにわれわれが用いたアイデアの多くは、２０１０年当時はきわめて異例なものとみなされていたが、いまやどれもが主流となりつつある。

行動洞察チームが過去6年間に実施した変更は、ふたつのカテゴリーに大別することができる。ひとつは、政府が直接国民に働きかけて一定の行動へと促すための方法であり(貯蓄を増やす、健康の増進をはかる、税金を支払う等)、もうひとつは、公共セクターのスタッフに働きかけて行動を促すための方法だ(先のジョブセンターでメリッサが実施した方法等)。この両面の働きかけを主導したのがわれわれナッジ・ユニットだ。

これに対し**本書は、これまでほとんど議論されてこなかったナッジの第三のカテゴリーであるセルフナッジを取りあげたものだ。**ナッジは通常、他者に働きかけて意思決定の際の環境を変える試みであるが、本書は、読者自身が仕事やプライベートでナッジを実践するためのツールを提供する。

あなたはすでに日々の生活でセルフナッジを取り入れているかもしれない。時間に遅れないよう時計を数分進めておく、職場で特定のタスクを達成できるよう同僚に協力を仰ぐ、ダイエットのためにクッキーの容器が目に入らないよう工夫する、子どもが良い行動をとったらご褒美におやつをあげる等々。

本書では、あなたのこうした心がけがよりシステマティックに行なえるよう、エビデンスに基づくさまざまなテクニックを紹介し、あなたや職場の同僚の目標達成に活かせるようにした。多数の研究結果の紹介と併せ、これらの知見をわれわれ自身がどのように自分のセルフナッジに取り入れてきたか、行動洞察チームがどんなふうに新たな取り組みに活かしてきたかの経験談にも触れているので、参考にしてほしい。

本書は、いわばナッジのツールボックスだ。なかに詰まったたくさんのツールを、日々の生活に活かしてほしい。

小さく考えて《シンク・スモール》、大きな目標《リーチ・ビッグ》を達成しよう

本書では、7つのコアコンセプトに基づくシンプルなフレームワークを提案している。

コアコンセプトとそれに関連する諸ルールはどれもわかりやすく実践しやすいが、その実践の仕方の細かいディテールが何より重要だ。その多くが「常識を当てはめたもの」である一方、常識に反するものも実は少なくない。そのため本書では、各コンセプトの根拠となる研究や、どこでどのようにつまずく可能性があるかをくわしく解説した。

もうひとつ、あらかじめ言っておかなければならないのは、小さく考えるとは、小さな目標を持つという意味ではない、ということだ。むしろその逆だ。

われわれが主張したいのは、大きなことを成し遂げるには、小さく考えることから始めなければならないということだ。野心を抑えるということではない。**大きな目標につながる道を切り拓くには、小さくてシンプルなディテールをきちんと積み重ねようと心がけることこそが大切なのである。**

本書をきっかけに、あなた自身だけでなく職場の人や家族の生活にも良い変化がもたらされることを願っている。

本書はチェックリストではない。目標達成のための7つのステップをひとつひとつ律儀に実践する必要はない。むしろ本書は、自分の目標に取り組む際の行動の足場となるものであり、各ステップはさまざまなツールやサポートを与えてくれるものと捉えてほしい。

本書のフレームワークは、足場の土台部分となる目標設定とプランの策定から始まる。

次に、目標までのモチベーション維持に役立つ支柱やジョイント部分のつくり方を紹介する。これには、コミットメントをする、適切な報酬を設ける、まわりの人にサポートを頼む、有益なフィードバックを得る等のツールが該当する。すべての目標にこれらのツールをひとつひとつ適用する必要はないが、支えが多ければ多いほど足場の強度が増すのは言うまでもない。

最後に、努力を続け長期の目標を達成する方法について、最新のエビデンスをもとに検証しながら、足場を束ねるつなぎ目をどうつくっていくかを探る。このつなぎ目は、困難な状況に直面したときや日々のプレッシャーでどうにもならなくなったとき、とりわけ役に立ってくれるにちがいない。

あなたが、本書のフレームワークを使って自分に合った目標を選択し、その目標をシンプルでわかりやすい方法で達成し、あなたやまわりの人たちの毎日がより良いものに変わるよう、心から願っている。

第5章 共有

第6章 フィードバック

第7章 あきらめない

第1章

目標設定

月曜日のランチタイム。セーラは、経営する高級ホテルの執務室でデスクを前に座っている。デスクには、ホテル内レストランの新メニューのコピーがたくさん載っている。いまちょうど、レストランの料理長がつくった熱々の伊勢えびのリングイネを食べているところだ。執務室の壁はガラス張りでレセプションがよく見える。宿泊手続きをする幸せそうな利用客たち。コンシェルジュに空港までのタクシーを頼む彼らの笑顔。レストランからいかにも満足気な足取りで出てくる利用客の姿。このレストランは地元の食材を使った料理が評判で、最近、賞をもらったばかりだ。

突然ベルが鳴り、セーラは白昼夢からわれに返る。ここはホテルの執務室ではない。通っている専門学校の学食だ。目の前にあるのは伊勢えびのリングイネではなく、食べかけのツナパスタ。ベルの音は午後の授業の始まりの合図で、セーラにとっては嬉しくも何ともないものだった。

午後最初の授業は数学。大の苦手科目で、授業ではいつも四苦八苦している。まわりの学生たちのほうが理解が早そうに見えて、ついイライラしてしまう。だから、前の年のGCSE（一般中等教育修了証）［訳注：イングランド、ウェールズ、北アイルランドで14～16歳のほとんどの生徒が取得する学業資格で、中等教育の修了資格が得られる］の数学が不合格で再試験となったのは無理もないことだった。

セーラは授業開始のベルを聞きながらついい、今日も授業をサボったらどんなに楽だろうと思ってしまう――これまでもしょっちゅうそうしてきたのだった。

だが、この日に限ってセーラは気持ちを奮い立たせ、頑張って教室に向かった。着いてみると、今日はいつもの数学の授業とはちょっと様子が違う。黒板に方程式などはなく、代数や割合の計算をさせられることもない。

実際、通常の授業とはまったく違っていた。セーラやまわりの学生たちにストレッチ目標の設定を促し、その目標達成のためのステップを提示することを目的とした一連のモジュールの始まりだったのだ。

セーラは最初、半信半疑だった。だが、何であれ、いつものような数学の授業よりはずっとましだ。そう思いなおし、パソコンの前に座り真面目に受けてみることにした。

まず、これまでに心から何かを成し遂げたいと思ったことはあるかと問われ、自分に「ストレッチ目標」を設定し、そこまで到達しようと促された。こんなことを言われたのははじめてだったが、その瞬間、脳裏にあのホテルのシーンが蘇ってきた。セーラはこれまでずっと旅行や観光業界に興味があったし、食にも強い思い入れがあった。どんなことを目標にしたいかと問われたとき、ピンときた――そうだ、接客の資格を取ろう。この資格を取らなければ、やりたいことは一生できないだろうと。

次に、その目標に到達するまでをいくつかのステップに分解するよう指示された。ステップは具体的であればあるほどよいという。例として、ある曲をもっとうまく歌えるようになりたいと思っている歌手の話が挙げられた。歌手は「この曲を上手に歌いこなしてみせる」とただ宣言するのではなく、その曲のなかでも特に歌うのが難しい部分を特定し、そこを重点的に練習して完璧にする。

そこでセーラも、自分の一番の目標をいくつかのチャンク（塊）に分解してみた。すると、セーラにとっての「特に歌うのが難しい部分」は、数学のGCSE試験だということに気づいた。数学で、少なくとも合格最低ラインであるC評価を取れなければ、すべて水の泡だ。そこで、最低でもCを取るためにできることに集中しようと考えた。特に代数と確率の勉強にもっと時間をかけ、図書館で模試をやろうと決めた。

勉強の仕方も変える必要があったため、このプログラムで学んだテクニックをいくつか参考にした。たとえば、セーラの集中力は1時間も持たなかったため、1時間単位で勉強することをやめてみた。「30分単位だと集中力を保ったまましっかり学べるから、私にはちょうどよかったわ。15分の休憩を挟んで、また集中するというサイクルにしたの」とセーラは後に振りかえっている。

この方法を続けるうちに、セーラの勉強の仕方は徐々に変わっていった。「やらなければならないことがちゃんとできるようになったの。そのおかげで、自分自身もまわりの人もより良い方向へと変わっていったの」と彼女は言った。実際、そのとおりだった。セーラは過去問を家に持ち帰り、集中して取り組めるようになった。授業後も図書館に残って勉強を続けた。授業をサボりたいなどと考えることはなくなった。1回1回の授業が、接客業の世界で成功するという自分の長期的な目標に直結しているという実感を得られるようになったからだ。

その年、セーラは数学の試験をB評価で合格し、資格取得に向けてスタートを切ることができた（もう代数はやらなくてもよさそうだ）。

こうした変化を経験したのは彼女だけではなかった。これは、専門学校19校に通う約9000人の学生を対象とした過去最大規模の試験的プログラムの一環だったからだ。ペンシルベニア大学心理学部教授のアンジェラ・ダックワース率いる世界トップレベルの心理学者チームとのパートナーシップのもと、行動洞察チームが設計、実施したものだ。

われわれは他のプログラムの場合と同様、学生たちの変化を通常のアプローチの場合と比較し、学生の授業への出席を促して、最終的には成績も向上させる効果があるかをテストした。その結果、きわめて有望な手ごたえがあった。さまざまな変更を加えたことにより、多くの学生がきちんとカリキュラムを履修するようになったのだ。授業への出席率は10％増と、きわめて高い伸びを示した。

目標を達成するには小さなステップの積み重ねが重要であることを、このときの被験者たちは理解していた。たいてい彼らは、大きな夢を持てとは言われないし、それでもなんとなくすべてうまくいくと思い込んでいる。だが、残念ながら人生はそうはなっていない。そこで彼らにはこう伝えた――**目標を達成したいなら、まずはそれがどのような目標なのかを明確にすること。そのうえで、それを達成するための小さなステップについて考えるべきだ**、と。これこそが「シンク・スモールの原理」である。

本章は他の章とは若干性質が異なっている。目標達成をサポートする具体的テクニックの説明に入る前に、本章では、まず目標そのものを明確にし、そこに到達するにはどのようなステップを踏むべきかをじっくり考えてみてほしい。

本書では、提案内容の実践をサポートすべく、各章ごとに3つのシンプルなルール（黄金律）を提示する。本章でも同様に、目標設定のための3つのルールを次に挙げよう。

【ルール1】**適切な目標を選択する……**自分が本当に達成したい目標とは何かをじっくり考える。自分のウェルビーイング（幸福度）が高まる目標を選択しよう。

【ルール2】**目標はひとつに絞り、明確な到達点と達成期限を設定する……**（新年の抱負にありがちなロングリストではなく）目標はひとつに絞り、いつまでに何をどこまで達成したいかを決めよう。

【ルール3】**目標を自分で管理できるステップに分解する……**小さなステップを着実に積み上げていけば、最終的な目標に到達しやすくなる。

［ルール1］適切な目標を選択する

ある夏の日、朝の散歩に出るとひとりの女性が近づいてきて、あなたに一風変わった依頼をするとしよう。その人は20ドルが入った封筒をあなたに差し出す。これには裏がありそうだ。だが、聞いてみると意外にも良い話だった——その日の夕方5時までに、その20ドルで何か自分にご褒美を買うか、何かの支払いに充てなさいと。それだけ言うとその人は立ち去り、その場に残されたあなたは、さて自分に何を買おうかと考えはじめる。

これと同じ状況だが、少し異なる条件を加えた場面を想像してみよう。同じ女性が近づいてきて、20ドルが入った封筒をあなたに差し出す。だが今度は、その20ドルを自分以外のだれかのために使うか、慈善団体に寄付するよう告げられる。

この実験は、ブリティッシュコロンビア州バンクーバーで、エリザベス・ダン、ララ・アクニン、マイク・ノートンという3人の研究者によって行われた。被験者はこのお金でさまざまなものを買った。自分に何か買うよう言われたときには、イヤリングやコーヒーや寿司を買った。人に何か買うよう言われたときには、親戚の子どもにおもちゃを買ったり、ホームレスの人にお金をあげたり、友人に食べ物やコーヒーを買ったりした。

だが、3人の研究者の調査のポイントは、被験者がそれぞれ何を買ったかではなく、それが各人の幸福度にどのような影響を及ぼしたかという点だった。

3人は、お金を手渡す前に被験者にいくつか質問をして、それぞれの幸福度の基準値を測っておいた。その日の夕方、買い物を終えた後にも似たような質問をしたところ、人のためにお金を使った人たち(向社会的支出)は、自分のためにお金を使った人たちより、はるかに高い幸福度を示したことがわかった。また、金額の多寡は関係ないこともわかった――5ドルだろうが20ドルだろうが結果に差異はなかった。

5000ドルものボーナスをもらったばかりの人たちの幸福度を分析したときにも同様の結果が得られたという。このボーナスで自分へのご褒美を買うか請求書の支払いに充てた人たちの幸福度は、人のために何かを買ったり慈善団体に寄付したりした人たちの幸福度よりも低かったのだ。ボーナスを「向社会的支出」に使えば使うほど、彼らの幸福度は上昇した。つまり、ボーナスの多寡以上に、それを何に使うかが重要だったのだ。(1-1)

これを根拠に、行動洞察チームでは、ボーナスをふたつのカテゴリーに分けて支給するようになった。一方はもらった本人が自分のために使う分（モノではなく体験に使うのが望ましい。これについては追って詳述する）、もう一方は、別のだれか――ボーナス支給の根拠となった成果に協力してくれた人――のために使う分として、明確に分けるようにしたのだ。

この種の実験は、人がどんなことで幸せを感じるかを予測するのが難しいことを示している。お金の使い方に関して言えば、圧倒的多数の人が20ドルを他人ではなく自分のために使うほうが幸せだと答えるだろう。[1・2]だが、ここまで見てきたとおり、この仮説を検証するために実験を行なってみると、逆の結果が得られた。これらの結果は決して例外的なものではない。

都会から離れた緑豊かな場所に大きな家を持ちたいと夢見るものの、その分余計に通勤時間がかかり、全体としての幸福度が下がることには気づかないものだ。物質的なモノこそが生活を豊かにしてくれると思い込んで消費に走りがちだが、休暇や外出といった体験を買うほうがウェルビーイングは向上しやすい、というエビデンスもある。何時間もパソコンやテレビの画面を見て過ごす人が多いが、社会的なつながりや人間関係を育むことに時間を使ったほうが幸福度は上がるということも実証されている。

したがって、**目標を設定する前に、何があなたやまわりの人たちの幸福度を上げるかを一度じっくり考えてみることが非常に重要だ。**

幸福度や「主観的ウェルビーイング」に関するエビデンスは急速に蓄積されつつあり、世界各国の政府も注目している。現にイギリスでは、政府が率先してウェルビーイングに関するデータを定期的に収集、公表している。この研究が示唆するものやその展望は非常に奥深いため、ここではその包括的な概要を説明することはしない（幸福度とウェルビーイングのエビデンスについてさらに掘り下げたい場合には、エド・ディーナー、ロード・リチャード・ラヤード、マーティン・セリグマン、ダニエル・ギルバート、デービッド・ハルパーンによる先駆的研究を参照されたい）[1・3]。だが、何が幸福度やウェルビーイングに直接大きなインパクトを与え、何に気をつけて目標を設定すべきかについて、概略を説明しよう。

まず注目すべきなのは、その主たる要素のひとつにお金が入っていないことだ。

収入とウェルビーイングには一定の相関があるのは事実だが（一般に、裕福な人は貧乏な人よりも幸福度が高い）、先の20ドルを手渡す実験からもわかるように、**ウェルビーイングを高めるのはお金そのものではなく**[1・4]**、その収入によって何が可能になるか、**なのだ[1・5]。

収入（および貯蓄）を増やすことは、貧困下に暮らす多くの人に共通する重要な目標だ。だが、幸いそこまで貧困状態にならずに済んでいる人にとっては、必死になって収入を増やすよりも、時間とお金をいかに使うかを考えることのほうが重要だ。言い換えるなら、「お金があなたを幸せにしないなら、あなたは恐らくそれを正しく使っていない」ということだ。

そこで、目標を設定する際には、ウェルビーイングを確実に高める次の5つのファクターを含めるとよいだろう。(1・6)

- **人との関わりを強化する**
- **健康で活動的になる**
- **何か新しいことを学ぶ**
- **好奇心を持つ**
- **他者に与える行為をする**（ギビング）

人との関わりがいかに重要かはすでに多くの人が理解しているが、最近になって、これがわれわれのウェルビーイングに非常に大きなインパクトを与えていることが明らかになってきた。要は、**社会との接点の多い人は、そうでない人よりもはるかに幸福度が高くなる傾向がある**というのだ。

定期的に人と会ったり、長い間ずっと友人関係を保っていたり、有意義なグループ（宗教的な集まりやスポーツクラブ等）に属していたりすると、幸福度が高くなる可能性が高い。(1・7) 仕事に就い

ていないとウェルビーイングが大きく損なわれるといわれるのは、社会との接点が失われるためだ。(1・8)

一方、仕事に就いている場合、社会的関係の状況によりウェルビーイングの程度に違いが生じ得る。たとえば、上司との関係が10点満点評価で1点上がると、統計的には30％の給料アップに相当する幸福度が得られるという。(1・9) 仕事やプライベートで人と強いつながりを持っていると、メンタルに良いだけでなく、フィジカルな健康への影響も非常に大きい――われわれが思っているよりはるかに大きい――ことがわかっている。30万人以上を対象とした148もの研究によれば、十分な社会的サポートがある人は、ない人に比べて生存確率が50％上がるという驚くべき結果となっている。(1・10)

他にもエビデンスはある。社会的孤立は1日15本の喫煙と同程度の弊害があるらしい。ここまで聞けば、設定する目標は自分の社会的関係を広げるか深めるものにしたほうがよいとご納得いただけるだろう。

これまでに一度ならずとも健康を目標に掲げたことがある人は多いだろうし、それ自体、至極まともなことだ。健康とウェルビーイングには強い相関があることはすでにさまざまな研究で明らかにされている。(1・11) 人は、自分が健康であると実感すればするほど、生活満足度を高く評価する傾向がある。(1・12)

幸福度の高い人はたいてい健康でもある。実際、ウェルビーイングの評価が低いと、心臓疾患や脳卒中の発生率、さらには、寿命の長さにも影響することが医学的にも示されている。

ポジティブな考え方の人は風邪もひきにくく、ひいたとしても早く治る傾向がある。健康で幸福度の高い社員は生産的で熱心に仕事をする。昨今、職場での健康増進への取り組みが注目されているのも、こうした事実が背景にある。[1・13] 健康を目標に設定することは――いま不健康だという自覚がある人にとってはなおさら――きわめて有意義な選択といえよう。

健康のために、まずは活動的になろうと考える人は多いだろう。定期的に体を動かすと、ウェルビーイングは向上し不安感は抑制されるという。そのためイギリスでは、医者が正式な治療法として運動を勧めるケースもあり、特に、軽度から中程度のうつ病患者には有効とされる。[1・14] 運動の効用には、いくつもの複雑な要因が関係しているようだ。ひとつには、運動をすると生物物理学的反応が起こる（幸せホルモンともいわれるエンドルフィンの分泌が促進される等）ことがわかっているが、これ以外にも、運動は「自己効力感（ある特定のタスクを「自分は達成できる」という自信）」を高めることが実証されている。

これらの効果は、少しずつでも運動量を増やそうという目標を立てることによって得られる。このように、**設定する目標は、あなた自身やまわりの人たちをより健康かつ幸福にするものであることが重要なのだ。**

もうひとつ、ウェルビーイングを高める方法として「学び」があるが、このことはあまり認知されていない。

何か新しいことを学ぶというと、何かで上達するためとか、試験に合格する、あるいは、職場で昇進するため等、手段として取り組む場合が多い。だが、学びは一生を通じてわれわれのウェルビーイングに大きなインパクトを与える、とするエビデンスがある。

学びが幼い子どもの認知的・社会的発達にきわめて重要な役割を果たしていることは広く知られているし、親たちも子どもの幼少期に新しいスキルを習得させようと積極的にサポートするが、年齢が上がるにつれ、学びに対する積極性は弱まっていく場合が多い。他方で、大人になってからの学びは自己肯定感、生活満足度、楽観的なマインドを向上させるとのエビデンスが多数報告されつつある。したがって、**楽器を習う、新しいカメラで撮影技術を磨く、料理教室に通う等の新しい学びを目標にすることは理にかなっている。**

職場でも、何か新しいことを学べる機会があると新たなやりがいとなる。行動洞察チームでもスタッフに新しいスキル（プログラミングやランダム化比較試験のやり方等）を身につけるよう勧めているが、職場によっては、それが語学の習得やプレゼンスキルの上達であってもよいだろうし、チーム全体で何か新しい手法、たとえばアジャイル型プロジェクトマネジメント等を学ぶのもよいだろう。

さらに、新しいスキルの習得を通じて、ウェルビーイング向上の他のファクターも同時に満たせるかもしれない。たとえば、新しいスポーツを習いはじめたことで体を動かすようになり、新しい人とたくさん接するようになる、といった具合だ。

ひとつ、ウェルビーイングとの関連で注目されるのが、好奇心を育むことの重要性だ。もっともシンプルなレベルでの好奇心とは、身のまわりの光景や音や感覚に意識を向け、その瞬間を味わうことだ。「マインドフルネス（いまここで起こっていることに意識を向けること）」に関する研究とも密接に関係している。[1-15]

たとえば、自分の感覚や思考や感情に意識を向けるトレーニングプログラムを2〜3カ月受けると、自分のウェルビーイングにポジティブなインパクトを与えることができ、その効果はその後何年も持続するという。[1-16]

好奇心を持つことでウェルビーイングを高める方法はたくさんある。たとえば、緑地や豊かな水がある場所に身を置くと、心の状態が上向くことが実証されている。だが、好奇心を目標とリンクさせるのにもっとも効果的なのは、形のあるモノではなく、「体験」を通じて高い幸福度を得る方法だ。[1-17]

行動洞察チームでも、この種の「体験」を得るためにメンバーみなで「過酷な障害物レース」

として知られるタフマダーに参加したことがある。レースの最終区間では、氷水を張ったプールに飛び込まされたり、電流が流れる有刺鉄線の下をかいくぐらされたりといった過酷さを味わったにもかかわらず、意外にもこの体験は良い思い出となっている。ひとつひとつの障害物は決して楽しいものではなかったが、その過酷さゆえに思い出深い体験になったという面がある。

このアクティビティの利点は、フィジカルに体を使うというだけでなく、チームが一丸となって障害物を乗り越えなければならない、という社会的な側面もあることだ。つまり、ウェルビーイングを高めるさまざまな要素が含まれていたわけだ。同僚とわざわざ泥だまりを走りまわることはないが、チームでどんな体験を共有すれば互いのウェルビーイングやスタッフの参加意識を高めることができるかを考えてみるとよいだろう。

プライベートでも同じことが言える。実際われわれも、家族や友人とユニークな体験を共有することにこそ時間とお金をかけたいと思うようになった。**自分で目標設定をする際には、何かこれぞという体験を盛り込む等、自分の好奇心が刺激されるものを選びたい。**

人の幸福度を高めるファクターとして最後に挙げるのは、ギビング——他者に与える行為——である。冒頭の実験でも見たように、人は、自分自身よりも人のためにお金を使うときのほうが幸福度は高まる。しかも、このギビングはお金に限った話ではない。ボランティア活動への参加という形で自分の時間を人のために使っても生活満足度は高まる。

地元のコミュニティ活動に積極的に参加することも、幸福度の向上ときわめて強い相関がある。[1・18] 進んで他者をサポートすると、死亡率の低下にもつながるという研究報告すらあるほどだ。[1・19] これらのファクターから、ハーバード大学心理学部教授ダン・ギルバートは、**利他行動はきわめて利己的な行為である**と述べている。[1・20]

ギビングの効果は心理的なものに留まらない。人のために時間とお金を使うことはフィジカルな効果ももたらす。生物学的研究によれば、自分が行なった親切な行為に対し、相手が感謝の意を示したり報いてくれたりすると、「幸せホルモン」とも呼ばれるオキシトシンの分泌が促進されるという。つまり、**ギビングという行為は、それをする側にもされる側にも、さらには社会全体にとっても、メンタル、フィジカル両面で良い影響を及ぼすものといえそうだ。**[1・21]

たとえば、地元のコミュニティのだれか――高齢の隣人や地域で活動するコミュニティグループ等――を進んでサポートしてみてはどうだろう？　何か地域の取り組み――廃れた地区の再生プロジェクト等――に参画してみるのもいいかもしれない。あるいは、自分の目標達成を人にサポートしてもらったり、逆に、人の目標達成に協力したりしてもいいだろう（その効果については後の章で詳述する）。

職場の同僚と行うのもよい。職場でギビングの取り組みを奨励すると、慈善寄付を行うハードルが下がるとスタッフの間でも好評だ。いまでは多くの企業がスタッフのボランティア活動を奨励したり、チームビルディングの一環として地元の慈善団体への協力を後押ししたりしている。後に詳しく述べるが、自分たちの日々の業務から恩恵を受けている人や、寄付した相手と直接交流する機会が持てると、スタッフのウェルビーイングや士気の向上に役立つ。

ウェルビーイングの向上に寄与するファクターについて理解を深めたところで、この知識をもとに、あなたがこの先どんな目標を達成したいかをじっくり考えてみよう。そのひとつのやり方として、少しの間（1～2週間程度）自分がこの先仕事やプライベートで達成したい事柄をリストアップしてみることをお勧めしたい。結局のところ、何をなぜ目標にするのかを決めるのは自分自身だからだ。

この作業によって、目標のロングリストができあがる。だが、リストに挙がったすべての項目を一度に達成しようと意気込む前に、人が振り向けられる注意力には限りがあることを思い出してほしい。われわれはそのなかのひとつに絞って目標設定すべきなのだ。

[ルール2] 目標はひとつに絞り、明確な到達点と達成期限を設定する

ここでひとつ想像してみてほしい。あなたはインドに住む農業労働者ないし工場労働者だ。幼い子どもたちを抱え、給料は数週間ごとの現金払い。町で一番の金持ちとはいかないが、家計が火の車というほど困窮しているわけでもない。幸い、質屋に借りがあるわけでも、離れて住む親戚の生活の面倒を見なければいけないわけでもないからだ。だが、貯蓄はしたい。そこで、お金を貯めるにはどうしたらよいかを、信頼できるファイナンシャルプランナーに家族でいつでも相談できるというプログラムに参加することにした。

そのファイナンシャルプランナーによれば、貯蓄にまわす額を最大化したいなら、明確な貯蓄目標をひとつに絞るべきだ、という。あなたには子どもがいるため、教育費を貯蓄目標にするのがよさそうだ。このような目標設定の仕方が実際に貯蓄を増やすことにつながるかを検証

するため、これから半年間、あなたの支出と収入と貯蓄はモニターされるという。

これと似たもうひとつのシナリオを考えてみよう。あなたはまったく同じ助言を受けるが、貯蓄の目標はひとつに絞らず、今後お金が必要となるあらゆる事柄をすべて目標にすべきだといわれるとしよう。つまり、子どもの教育費に充てるためだけでなく、たとえば、今後必要になるであろう医療費や老後の備えも貯蓄目標に入れるよう勧められるわけだ。

果たしてどちらのシナリオがより多くの貯蓄につながるだろうか？

多くの人はここで後者のシナリオを選ぶ。同時に複数の目標を掲げた包括的なアプローチのほうが効果的だと考えるからだろう。つまり、お金が必要な理由が多ければ多いほど、お金を取っておこうというモチベーションにつながるはず、という考え方だ。これは必ずしもまちがいとはいえない。実際、被験者は複数の目標を設定することによって、目標をまったく設定しなかったときより50％も多くお金を貯めることができた。これに対し、前者のシナリオ、すなわち、目標をひとつに絞った場合の貯蓄額はこれをはるかに上回った——実に、2倍を超える貯蓄額となったのだ。

行動洞察チームとも交流のある行動経済学者ディリップ・ソマンと同僚のミン・ザオによる

この研究は、一見常識では考えにくいロジックを見事に実証してみせた（本書ではこのような常識に反する事例がこの後たびたび出てくることになる）。複数の目標を同時に掲げると、そのなかのどれがどのくらい重要かを常に意識せざるを得なくなり、限りある認知「処理能力」を目標間で奪い合うという弊害が生じる。貯蓄者の思考のなかで繰り広げられる複雑なトレードオフ（子どもの教育費のために貯金したお金は老後の資金には回せない）により、結果として、貯蓄という包括的な目標を達成しようとする注意力が削がれてしまう、とソマンとザオは結論づけている。[1・22]

目標達成が困難なときほど、この現象は顕著に現れる。達成が難しい目標が多ければ多いほどこのトレードオフは顕著になるため、結果、目標をひとつに絞って取り組んだほうがよほど効果的だということになる。[1・23]

インドの町を対象としたこの事例は、いまの自分からはかけ離れすぎていて現実感がないと感じるかもしれない。だが、欧米諸国で暮らす人びとも実は同じことをしている——常に達成困難な目標を複数掲げている——ということをお忘れではないだろうか？

新年の抱負がまさしくそれだ。だれしも経験があるだろう。《今日は元旦だ。昨夜の大晦日は少々飲みすぎた。今年こそは心を入れかえて頑張るぞ——体を鍛える、酒の量を減らす、減量する、貯蓄を増やす、天職を見つける等々。全部一気に取り組むことにしよう》

組織にも同じことがいえる。マネージャークラスは、今年こそ自分のチームに重要業績評価指標（KPI）のロングリストをすべてクリアさせようと意気込む。だが、前述の貯蓄の事例で見たように、一度に複数の難しい目標を達成しようとすると、その効果はしだいに減退していく。人の認知努力は、ひとつの目標達成に使われると、他の目標にまで十分回らなくなってしまうからだ。[1・24]

言い方を変えよう。**多くの場合、問題は目標がないことではなく、多すぎることなのだ。**だからこそ、前のセクションで推奨した、目標のリストを書き出すステップにいま一度戻り、そのなかからひとつだけ選ぶことがきわめて重要なのだ。

そのひとつをどうやって選ぶか――ウェルビーイングの向上に資する5つのファクターを基準に、ボランティア活動、マラソン、転職、子どもとの時間を増やす、職場でのチームパフォーマンスの向上、減量等々、その目標を達成したらどの程度自分やまわりの人のウェルビーイングが向上するかを10点満点で評価する、という方法がある。自分は何を達成できるかを現実的に考えることも必要だろう。

だが、達成の可能性だけでなく、ひとつひとつの目標について自分がどのくらい興味とパッション《熱意》を持てるかに重点を置いて、10点満点で評価するのもきわめて有効だ。興味とパッションを持てる目標なら、達成までの道のりが険しくても、長い期間かけて何としてでもやり抜こうと思えるにちがいない。まちがっても、ホメロス［訳注：紀元前8世紀頃の古代ギリシャの詩人］にまったく興味がないのに古代ギリシャ語を学ぶなどという目標を立ててはならないのだ。

ウェルビーイングとパッションというふたつの基準に照らすことによって、目標をまた違った形で捉えることができる。どうしても目標をひとつに絞れない場合には、だれか身近な人にロングリストを見てもらうとよい。身近な人というのは、あなた以上にあなたの好みをわかっているものだ。その人はレストランに行くと、あなたが好きそうなメニューを上手に選んでくれる。目標についても同じで、特に転職や大規模なプロジェクトの立ち上げといった重要な意思決定の際には、彼らの助言は大いに役立つはずだ。

最重要の目標がひとつ選べたら、今度は、何をもって達成と見なすかを明確にする、つまり、明確な到達点を設定しなければならない。減量、職場の生産性、禁煙、選挙での投票、献血等、さまざまな領域を対象に行われた多数の研究によると、**明確な到達点を設けると、ただやみくもに「頑張った」ときよりも目標を達成しやすくなる**という。(1・25・26・27)

だが問題は、言うは易く行うは難し、であることだ。たいてい、目標設定をする段になると、一見立派だがやや的外れな目標を選んでしまいがちだ。「減量する」とか「フランス語を学ぶ」

といった高い目標を口にしながら、実際その意味するところが何なのかがわかっていない場合が多いのだ。あなたが挙げたリストのなかには、この類の目標も少なからずあったのではないだろうか？

たとえば、体を鍛えるとはもっと頻繁にジムに行く、という意味だろうか？　だが、ジムには行っても、ほとんどの時間をサウナやカフェで過ごしていたらどうだろう？　**ポイントは、目標が達成されたことを自分で確認でき、かつ、それによって自分がどのくらい進歩したかを把握できる形で到達点を定めることだ**（後述するが、これこそがフィードバックの重要な要素だ）。

具体的には、たとえば、「10キロ減量する」「マラソンで4時間を切る」「学校の成績を平均5％アップする」「辞書なしでフランス語の新聞を読めるくらいまで熟達する」等だ。これらには、目標が達成されたかどうかわからないという曖昧さはほとんどない。

もうひとつ重要なのは、あなたがすでに一流のアスリートやフランス語話者でないかぎり、目標の到達点を超えることはいくらでも可能だということだ。本章冒頭のセーラの事例で見たように、到達点を定めて、それだけクリアすればよいとするのではなく、これぞと思う分野に関しては、更なる高みを目指して果敢にチャレンジすべきであり、ひいてはそれが自分のウェルビーイングの向上にもつながっていくのである。

ここで一旦整理しよう。目標はひとつに絞れた。目指すべき到達点も決まった。次に必要なのは、**目標達成までの時間軸を明確にする**ことだ。到達点が明確で、良い目標であっても、それをいつまでに到達すべきかが自分でわかっていないと簡単に挫折してしまう、ということが多数の実験結果で示されている。

われわれが注目した典型的なマーケティングの実験に、クーポンの有効期限に関するものがある。クーポンに有効期限を設けると、期限がない場合よりも利用率が上がることを示した実験で、研究者たちはこの現象を「デッドライン効果」と呼んでいる。[1-28] 期限が近づくと、消費者はクーポンを無駄にしたくないため、忘れずに使おうと気をつけるようになるのである。この現象は有効期間の長さにかかわらず生じる。

目標設定においても、これとまったく同じ傾向が見られる。だからこそ、守るべき期限を設けることは、たとえその分の負荷を自分に課すことになっても、意味があることだといえる（これについては次のルールで詳述する）。

このことは、マサチューセッツ工科大学（MIT）の学生たちを対象とした実験でも示された。学生たちは課題論文を学期末にまとめて提出するか、論文ごとに提出期限を設けるかの選択肢を与えられた。[1-29] ただし、自ら課した期限を守れなければ、遅延1日ごとに評価が1％ずつ減点されるという条件つきだ。それにもかかわらず、学生の多くは論文ごとに提出期限を設けるほうを選択した。彼らは、そうすることで勉強の能率が上がり、論文の出来もよくなることを知っていたからだ。つまり、自分に「デッドライン効果」を課すことの有効性を認識していたわけだ。しかも、実際に彼らの成績は他の学生たちを上回っていた（教授から論文ごとに提出期限を課された学生たちも同様の結果を示した）。

ここから、あなた自身や目標設定に関して何がいえるだろう？　もうおわかりだろう。**目標を達成するには、明確な期限を設けるのが得策**だということだ。健康のため、10キロを1時間以内で走ることにしたのなら、それをいつまでにやり遂げるかも決めるべきなのだ。

つまり、その初日のジョギングのために朝ベッドから起き上がる前から、あるいは、禁煙のためにこの1本を吸わないようにする前から、作業は始まっているということだ。その作業とは、最初の時点でどのように目標を設定するかを考えるところから始まる。

目標をひとつに絞り、到達点と到達期限を明確にするという正しい方法論で目標設定を行うには、ちょっとした努力がいる。だが、スタート時にこの努力を惜しまなければ、途中で挫折せずに済み、結果的に得るものは大きいはずだ。

【ルール3】目標を自分で管理できるステップに分解する

ロンドンオリンピック（2012年）の自転車競技最終日。イギリスの選手クリス・ホイは、ケイリン（競輪）の決勝に臨んでいた。ケイリンは、ペーサーが乗る先頭誘導自転車の後について、徐々に走行速度を上げながら勝敗を競う種目だ。

このときすでにオリンピックで5回金メダルを獲得していたホイは、イギリス史上最多のオリンピックメダリストとなれるか、大いに期待がかかっていた。残り2・5周になったところでペーサーがトラックから離脱し、ここから選手だけでのレースがスタートした。最初、ホイはいち早く一団の先頭に躍り出て、有利な展開を見せた。だが、残り半周というところでドイツの選手マクシミリアン・レヴィに捲《まく》られ、一時は動きを完全に封じ込められたかに見えたが、ホイは最終局面で立て直し、自転車の長さのわずか4分の3の差で競り勝った。このデッドヒートはその後も自転車競技ファンたちの間で語り継がれる名場面となった。

この大会で好成績をおさめたイギリスの自転車競技選手はクリス・ホイだけではなかった。イギリスの自転車競技チームは実に、10種目中7種目で金メダルを獲得するという快挙を成し遂げた。

当時イギリスの自転車競技団体ブリティッシュ・サイクリングのパフォーマンスディレクターだったデイビッド・ブレイルスフォードは、その成功の秘策を問われて何と答えたか？　選手たちがよく頑張ってくれたおかげだと答えただろうか。あるいは、ホイに課した壮絶な日課について滔々と述べただろうか（週35時間におよぶ過酷なトレーニングと、各トレーニングセッションの合間ですら体力の回復が阻害されないよう、近くの店まで買い物に出ることも許さなかった）。それとも、その週に金メダルをすでにふたつ獲得していたローラ・トロットのパフォーマンスの秘訣を説明しただろうか。いや、このどれひとつとしてブレイルスフォードは口にしなかった。

では、彼は何を語ったのか？　成功の可能性を最大化するアプローチに絞ってチームに取り組ませた、と述べたのだ。**このアプローチは「マージナルゲイン（小さな改善の積み重ね）」と呼ばれるもので、シンク・スモールの原理が多数取り入れられている。**

ホイが金メダルを獲得した朝、ブレイルスフォードはこう語っていた。

このアプローチのコンセプトは、自転車に乗るという行為に通じるすべての事柄を細分化し、そのひとつひとつを1％ずつ改善していけば、すべてを集約したときに大きな力を発揮する、というものだ。

ここでブレイルスフォードが語った「すべての事柄」とは、言葉どおり「すべて」を意味していた。彼は風洞【訳注：実験のために人工的に風を発生させる装置】を用いて、それまで使用されていた自転車の空気力学を分析し、耐風性を高めた。チームの衛生面においても、抗菌効果の高いハンドジェルで感染症の予防に努める等、新たな取り組みを行なった。さらには、自転車の整備作業の妨げとなる塵の付着を避けるため、チームが使う移動用トラックの車内の床部分を白く塗り、塵を見つけやすくしたほどだ。(1-30)

イギリス代表チームは、次の2016年開催のリオデジャネイロオリンピックに臨んだ際、ブレイルスフォードはすでに同チームから外れていたものの、このマージナルゲインのアプローチをより一層強化し、小さな改善を積み重ねていた。ハンドルバー部分の滑り止めにはグローブの使用を止めて液体チョークを使うようになっていたし、女性選手にはサドルが当たるときの痛みを避けるためアンダーヘアの処理すら禁止していたほどだ。こうしてイギリス代表チームは、オリンピックでさらに6つの金メダルを獲得するという快挙を成し遂げて凱旋帰国した。(1-31)

われわれみながオリンピック選手になれるわけではないし、イギリスの代表チームのようなリソースがあるわけでもない。だが、オリンピックで金メダルを獲るなどという目標でなくとも、自分なりの目標達成にこれと同じような考え方を取り入れることはできる。その考え方とは**「チャンキング（塊に切り分けること）」**と呼ばれ、目標をその構成要素ごとに分解するものだ。

このチャンキングという用語は、もとは記憶のメカニズムとの関連で生み出された。(1・32) たとえば、電話番号を覚えるとき、長い数字の羅列をいくつかに区切るとずっと覚えやすくなる。ここで試しに043477568863を区切らずにひと続きの数字のまま覚えてみよう。10秒後にスラスラと思い出せるだろうか？　今度は、同じような数字の羅列でも、小さな塊に区切って覚えてみよう――0532‐799‐813。こちらのほうが頭のなかで情報が整理されやすく、結果、思い出しやすくなったと感じたはずだ。われわれが長期的な目標を達成しようとするときにも、これと似たような効果が見られる。**長い期間かけてたくさんのことをしようとする場合、いくつか個別のステップに分解して取り組んだほうがうまくいきやすいのである。**

目標を個別のステップにチャンキングする方法はふたつある。

ひとつは、最終的に目標に到達するためにはどのようなタスクをクリアしなければならないかを探るというやり方だ。先のブレイルスフォードの実例がその究極の形といえる。

われわれがイギリス全土のジョブセンターで取り入れたのもまさにこのチャンキング方法だった。「はじめに」で登場したポールたち求職者は、「ただ漠然」と仕事を探していたのではない。スタッフのサポートにより、仕事を探すという目標をいくつかの個別のステップ――履歴書をブラッシュアップする、面接に適した服を用意する、求人への応募件数を増やす等——に分解して取り組んでいた。これと同じことをすればよいのだ。

たとえば、マラソンのトレーニングの場合、さまざまな側面から総合的にランニング力を高められるよう、トレーニングプログラムは効果の異なる練習要素をいくつも組み合わせてつくられている。速いペースの走りとゆっくりとしたジョギングを繰りかえすインターバルトレーニングや、クロス・トレーニング、サイクリング、水泳等、ランニング以外の運動が盛り込まれる他、週に1日は休養に充て、トレーニングで負荷のかかった体を回復させることも含まれる。[1-33]

この原理は仕事にも取り入れることができる。あなたが学校の校長だとしたら、学校のパフォーマンスを上げるためにいろいろなことが考えられるだろう。教員の採用方法、教員の研修内容、他にどんな活動が有効か（朝食クラブ【訳注：イギリス等で、学校始業前に児童に朝食を提供する取り組み】等）や、フィードバックのやり取りの仕方（これについては第6章「フィードバック」で詳しく取り上げる）といった運用面についても検討してみるとよいだろう。

もうひとつのチャンキング方法は、目標全体を隙間時間や反復作業ごとに分解するやり方だ。この方法は、クリアしなければならないすべてのタスクについて考えるのではなく、目標達成のために毎週どのくらいの時間を確保すべきかを考える、というものだ。

この方法については、半世紀以上にわたり心理学と教育学の分野で多大なる貢献をした著名な心理学者アルバート・バンデューラによる優れた研究がある。

バンドゥラは同僚のデール・シャンクとともに、算数が苦手な子どもたちに対するサポートの仕方についての研究を行なった。[1-34] 被験者の子どもたちには学校で算数の授業を受けてもらった。２５８問の引き算の問題が載った42ページの大きな冊子が配られ、これを解くのに与えられる時間は30分のセッションが７回だと伝えられた。

ここで子どもたちはふたつのグループに分けられた。一方のグループでは、セッションごとに６ページずつ解くことを勧められた。つまり、こちらはチャンキンググループであり、長期目標が管理しやすい単位に切り分けて提示されたわけだ。もう一方のグループも目標は同じだが、それをどう切り分けるかの助言は与えられず、７回のセッションが終わるまでに42ページ分の問題をすべて解くよう伝えられただけだ。

果たしてどのような実験結果が得られただろうか？　目標をいくつかに切り分けるよう助言を受けたグループの子どもたちのほうがずっと速く問題を解いたのだ。しかも彼らは、もう一方のグループの子どもたちよりも高い正答率を記録しただけでなく、以前よりもはるかに算数への関心度が高まったという。

こうした小さな達成感の積み重ねによって子どもたちの自信と自己効力感は向上した。セッションごとに設定された具体的な目標に集中することで、もう一方のグループの子どもたちよりも、速く深く学ぶことができたのだ。

このふたつ目のチャンキング方法は、特定の行動を毎日、毎週、毎月繰りかえさなければならない場合に特に有効だ。

たとえば、禁煙をしようとしているのであれば、まずは今日1日をタバコなしで過ごすことに集中するとよい。そのほうが、これから半年間ずっとタバコを吸えないと考えるよりもずっと取り組みやすいし、やる気も出る。お金を貯めたいのであれば、年末までに到達したい目標額を月ごとの目標額に分解すればよいし、仕事で到達したい年間目標があるのなら、その目標を月ごとや週ごと、または日ごとに行うべき要素に切り分ければよい。

この方法の効果を裏づける研究がボブ・ボイス教授によってなされている。同教授は若手研究者を対象とした実験で、論文を「1日1ページ」と決めて書く者のほうが、いつも徹夜で書き上げる「速筆」の者よりも優秀であり、その後のキャリアで成功する確率も高いと述べている。(1-35)

このアプローチはアジャイル型プロジェクトマネジメントにおいても有効で、(1-36)世界中のさまざまな業種――われわれのシンガポールオフィスもその一例だ――で定着しつつある。特に技術系のスタートアップ企業や、エンジニアリング、IT、ソフトウェア開発の分野で幅広く注目されている。アジャイルマネジメントでは、プロジェクトを「スプリント」という週ベースの作業工程の単位に分解し、「デイリースクラム」や「スタンドアップミーティング」と呼ばれる毎日の統合ミーティングを通じて、チームメンバー間で開発の進捗状況の共有、承認、優先順位付け、タスクの割り振り等を行う。

このように、チャンキングには目標を時間で切り分けるか、なすべき行動の種類で切り分けるかのいずれかの方法があるわけだが、そのいずれであれ、長期の目標は重要でない、と言いたいのではない。むしろその逆で、**長期目標**（**遠位目標**）**と短期目標**（**近位目標**）**の相互作用こそが重要である**というのが心理学者たちの一致した見解だ。[1-37]「遠位目標」は最終的な目標（オリンピックでの金メダル獲得や仕事でのパフォーマンス向上等）を明確にしてくれる。「近位目標」はいますぐクリアしなければならないタスク（自転車の空気力学の改善や仕事でのプレゼンスキルの向上）に向けてやる気を持続させ、「遠位目標」を明確にしてくれる。ある心理学者の言葉を借りれば、「遠い夢と毎日の苦労」がつながっていることを理解することが重要なのだ。[1-38]

つまり、**チャンキングのポイントは、切り分けた各要素を最終的に長期目標へと収れんさせること**だといえるだろう。

本章で提示した3つのルールはいずれも、あなたが目標達成に向けて良いスタートを切るのに役立つだろう。

ルール1は、**何があなたやまわりの人たちのウェルビーイングをもっとも向上させるか**を考えさせるものだ。そのひとつのやり方としてわれわれが提案したのは、日々の生活のなかであなたが変えたいと思っている事柄を書き出し、ふたつの基準――それがあなたのウェルビーイングにどう影響するかと、あなた自身がその分野にどれだけの関心とパッションを注げるか――に沿って10点満点で点数をつけてみることだ。そのための時間を惜しまないでほしい。それさえできれば、パッションを持って目標に取り組み、日々の生活をより良い方向に変えることができるはずだ(かつ、おそらくあなたのまわりの人の生活もより良いものに変えられるだろう)。

ルール2では、**目標達成の定義を明確にし、そこに到達できたかどうかをあなた自身やまわりの人が確認できるようにする**ことが重要だと説いた。

さらにルール3では、**目標をいくつかの要素にチャンキングする**ことの有効性について論じた。チャンキングされた個々の要素はシンク・スモールのアプローチの基本となるもので、ここから、大きな長期目標とそこに到達するための日々のタスクとの関係性が見えてくるはずだ。

さあ、目標は定まった。次の章では、どのようなプランを組み立てれば、日々の生活やルーティンが目標達成につながっていくかを見ていくことにしよう。

第2章

プランニング

2008年のアメリカ大統領選挙を思い返してみよう。

当時のアメリカはいわゆるオバマ旋風の真っただ中だった。選挙戦当初は有力候補と目されていなかったオバマ氏が、にわかに最有力候補に躍り出たのだ。若い世代を中心に全米のオバマ支持者たちがこの勢いを盛り立てようと積極的に活動に参加していた。オバマ陣営では、選挙期間中から、有権者とオンラインでつながるさまざまな工夫をしており、それは大統領選を制した後も続いた。その意味でこの選挙は「フェイスブック選挙」とも呼ばれたほどだった。(2-1)

ソーシャルメディア革命を本格的に利用したはじめての大統領選挙だったわけだが、水面下ではもうひとつの革命が進行していた。それは当時はほとんど注目されなかったが、世界中の選挙関係者にとって示唆に富んだ内容を含むものであった。

オバマ氏の選挙チームは、選挙運動のやり方が昔からずっと変わっていないことに早くから着目していた。候補者の理念に共感する人たちに支援者がコンタクトし、投票に行くよう促すという昔ながらのやり方でいいのだろうかという問題意識があったのだ。これまで、選挙戦の戦い方に関する研究といえば、有権者へのコンタクト方法を電話にすると投票率に差異が生じるか、生じるとすれば、電話の応対は親しみやすいのとフォーマルとどちらがよいか、といった観点からのものが大半だった。(2-2) だが、同チームでは、どのような質問の仕方をするかによって相手の答え方は大きく変わり得る、という行動科学の主たる前提を踏まえ、有権者を投票に行かせるもっと効果的な方法があるのではないかと考えた。

教育関連プロジェクトで行動洞察チームとさまざまな協力実績のあるハーバード大学教授のトッド・ロジャースと、彼の同僚でノートルダム大学のデイヴィッド・ニッカーソンは、人間のとある心理学的傾向に注目していた。それは、シンプルなプランを立てると人はプランどおりに実行しやすくなる、というものだ。実験のやり方はきわめて単純で、単に投票に行くか訊くのではなく、いつどこにどうやって行くかを考えさせるようにするわけだ。

そこで、彼らはかつてない規模で投票実験を実施した。２００８年のペンシルベニア州民主党予備選挙の有権者約30万人を対象に、プランニングを促すことがどの程度有効かを検証したのだ。

第一のグループは例年どおり、次の選挙の情報と投票の義務があることを電話でリマインドされた。[2,3] 第二のグループも電話を受けたが、こちらは投票する意思があるかどうかを訊かれた。第三のグループは、何時に投票に行くか、どこから投票所に来るか、投票に行くまで何をしているかを訊かれた。

この、いつ、どこで、どうやって、という問いは、相手にプランニングを促すために意図的に設計された質問項目だ。つまり、有権者たちは自分の1日のスケジュールと投票という行為を意識的にリンクさせられていたのだ。

では、有権者に投票してもらうにはどの方法がもっとも効果的だったのだろう？　選挙のリマインドだけの電話を受けた第一のグループの人たちは投票には行かず、電話がない場合とさして変わらない結果となっていただろう。投票する意思があるかと訊かれた第二のグループの人たちについては、投票する確率が約２％高くなった。これに対し、プランニングを促すアプローチはもっとも効果が高かった。このメッセージの電話を受けた第三のグループの人たちの投票率は４・１％も上昇したのだ。さらに、有権者がひとりしかいない世帯ではこの効果はさらに大きく、投票率は実に９・１％も上昇した。この人たちは、すでに決まったスケジュール、特に、だれかに何かをしてもらわなければならないような用事がなかったからだろうと推察される。(2・4)

選挙の結果を気にする人たちにとって、この実験結果の意味するところはきわめて大きい。ロジャースとニッカーソンが指摘しているように、２０１２年の大統領選挙で、ひとりの立候補者の支援者たちが有権者の投票率を２・１％上げていれば、フロリダ州、ノースカロライナ州、オハイオ州の選挙結果は違ったものになっていただろう。２００８年の選挙においても同様に、フロリダ州、インディアナ州、ノースカロライナ州、ミズーリ州の選挙結果は変わっていたにちがいない。選挙戦が接戦の場合、シンプルなプランニングによって選挙結果は変えられるということだ。

目標の達成には、プランニングが大きなカギを握っているとわれわれは考える。だが、重要なのは、どのようにプランニングするかという細かいディテールなのだ。本章でご紹介する次の3つのルールは、この細かいディテールの理解を助けてくれるにちがいない。

【ルール1】シンプルなプランにする……シンプルで明確なプランにすると、メンタルに負荷をかけずに目標に向かって取り組めるようになり、目標から外れてしまったときにも気づきやすくなる。

【ルール2】実行可能なプランを立てる……目標達成のために必要な行動を、いつ、どこで、どのように取るかを明確にすると、その行動の実行可能性が高まる。

【ルール3】プランを習慣化する……決まった事柄を合図に同じ行動を繰りかえしていると、それが習慣化し目標達成に役立つ。

【ルール1】シンプルなプランにする

数年前、本書共著者のひとり、オウェインは酒の量を減らそうと思い立った。

いつも仕事から帰ると、夕食の準備をしながら、妻のソフィーと一緒にワインを1杯飲むのが日課となっていた。夕食をとりながらもう1杯飲むこともあったし、ボトルが残り少なくなるとテレビを見ながら飲み切ってしまうこともあったかもしれない。

ヘビードリンカーというほどではないが、この状態は、メディアでよく「ミドルクラスドリンキング」[2・5]と呼ばれる悪しき習慣、すなわち、1杯のワインやビールがたまに自分に与えるご褒美ではなく、毎日飲むのが当たり前という状態になってしまっている危険性があった。

当時のイギリスでは、成人男性が1日3~4杯のアルコールを定期的に摂取するのは、ただちに深刻な健康リスクとまではいかないものの、1日4杯以上の摂取が続くのは望ましくないとされていた。赤ワインのボトル1本は通常グラス9~11杯分であるため、いつも仕事から帰って何杯か飲んでいると、この基準を軽く超えてしまう可能性があった。

そこでオウェインは考えた――酒の量を減らせば健康に良いし、ついでに出っ張ったお腹も少しは引っ込むかもしれないと。

一方でオウェインは、「酒の量を減らす」という目標を設定するだけではだめだということもわかっていた。これまで見てきたとおり、到達点が曖昧だと目標はなかなか達成できない。確実なのは、主席医務官（ＣＭＯ）［訳注：イギリスの政府内に設置されている上級医務官職で、国家レベルの医療サービス等の設計を担当する］が出しているガイドライン――1日のアルコール摂取量を3～4杯に留めること――をきちんと守ることなのだが、実際にはいくつものハードルがあり、そう簡単ではない。

最初のハードルは、分量を頭のなかで計算するのが難しいことだ。3～4杯とはいったいどのくらいの分量なのか？ 瓶ビールだったら何杯飲んだことになるのか？ ワインとなるともっと厄介だ。アルコール度数はまちまちだし、正確に量ったりいつも決まった分量を注いだりしているわけではないからだ。

次はもっと心理的なハードルだ。仮に簡単な式で計算した量（何も難しい話ではない。たとえば、ボトル1本750mlをグラス1杯分の125mlで割るといったことだ）に制限するのが妥当だと考えたとしても、絶品のリオハワインを1杯飲んでしまったら、もうそんな目標量など守れるわけがない。この種の心理的ハードルは、一定の自制心を要するどんな分野でも起こり得るが、酒のように認知機能を減退させる効果のあるものを摂取した場合、この度合いは強まる。

そこでオウェインは、飲みたくなるたびに電卓を引っ張り出さなければならないような目標の立て方ではなく、制限量を超えたかどうかがすぐにわかるシンプルなルールを設けることにした。

これは心理学者たちが「**ブライトライン（明確な基準）**」と呼ぶもので、明確だからこそ効果的とされる。ルールを逸脱したかどうかが瞬時にわかるため、ルールどおりにやろうとするときに必要な認知努力を大幅に節約することができるのだ。

オウェインが設定したブライトラインは「平日は家で酒を飲まない」というものだった。月曜日に家でワインのボトルを開けたとしたら、ルールを破ったことが直ちにわかる。きわめてシンプルだ。だが、これは完全な禁酒ではないところがポイントだ。そうだったらおそらく挫折していただろう。週末は飲んでよいことになっているし、たとえば、仕事帰りに同僚とパブで飲むのもセーフだ。

彼は、このシンプルでわかりやすいルールと併せて、明確な期限も設けた——まずは1カ月、このルールを続けると決め、それがうまくいったら、さらに11カ月間続けることにしたのだ。そして、幸いにもこれは非常にうまくいった。1カ月の目標としてスタートしたこのルールは、2年後のいまではすっかり習慣となって定着している。破ったのはわずか1～2回で、「平日は家で酒を飲まない」ルールは現在まで続いている。オウェインの試算では、この間にワインボトル約80本分に相当するアルコール摂取量を削減できたことになる。

このブライトラインの考え方は斬新な心理学的手法と思われがちだが、実はそうではない。世界的広告会社であるオグルヴィ・アンド・メイザーの副会長ローリー・サザーランドは、行動科学を広告の分野に取り入れたパイオニアだが、昔からある文化的、宗教的慣習のなかには、これとまったく同じ原理に基づくものが多いと指摘する。(2・6) ユダヤ教で一般的に行われている「サバス(安息日)に労働してはならない」という教義がまさにそうだ。

EUの労働時間指令と比較してみよう。これは、1週間の労働時間を17週間平均で48時間、休息時間は24時間あたり連続11時間以上と定めたもので、シンプルとは程遠いルールであるのに対し、「サバスに労働してはならない」というルールは非常にわかりやすい。

このルールを実行するのに個人の労力は(その日が何曜日かを知ること以外は)まったくと言っていいほど必要ない。仮に、ルールを破ってしまいそうになっても、属している宗教コミュニティが正しい道へと誘導してくれるはずだ。だが、EUの労働時間指令のほうは、自分で――あるいは、勤務先の会社が――1週間の平均労働時間を算出するために17週間の勤務実績を記録しなければならない。したがって、定められている勤務時間のボーダーラインに近づいても、細かい計算をしなければ上限を超えているかわからない、という不便さがある。

同様に、ダイエットについて考えてみよう。1週間の摂取カロリーを計算するのと、シンプルなルールを決めるのと、どちらがいいだろう？

後者の例として、本書の共著者であるローリー・ギャラガーが結婚式までの準備期間中に妻と一緒に取り組んだ5：2ダイエットを紹介しよう。週5日はいつもどおりの食事をし、週2日は摂取カロリーを女性で500カロリー、男性で600カロリーに抑えるというダイエット法だ。

5：2ダイエットが支持される理由は、「カロリー摂取量を毎日制限しなくていいから取り組みやすい、ダイエットの常識を変える方法論」(2・7)だからだ。これを裏づけるエビデンスもある。ダイエットの被験者に、複雑さの異なるいくつかのダイエット法にランダムに取り組ませたところ、「ルールを複雑に感じると、体重管理が面倒になり、挫折するリスクが高まる」との結果が得られた。(2・8)

われわれはこれと似たようなアプローチを行動洞察チームの職場でも取り入れた。毎週金曜日の朝はスタッフとの定例フィードバックセッションや仕事の成果を称え合うタッチダウンセッションに充てる、日曜日には仕事をしない（これを守るのはそう難しくないはずだ！）、等を実践している。

このブライトラインは、行動洞察チームが推進したもっとも重要な手法のひとつだ。政府の政策にも多数取り入れられており、簡単にできるからこそシンク・スモールのコンセプトのコアともなっている。

たとえば、人に老後のための貯蓄を勧める場合、主な年金制度、年金拠出実績の推移、著名なファイナンシャルアドバイザーによる助言等が得られるデータベースを紹介してあげることはできる。だが、ここまでしても、老後に向けた貯蓄ができない人はまだまだ多く、いざ貯蓄をしようとなったときには時すでに遅しという可能性もある。

それならば、イギリス政府が2008年に導入した、こんな簡単な仕組みにしてはどうだろう。みな一律で年金制度に加入させ、希望すれば「オプトアウト（脱退）」を選択できるというものだ。この自動加入の仕組みにより、現在イギリスでは900万人もの人たちが老後のために何十億という規模で貯蓄を増やしている。

ブライトラインの手法を使う等によって取り組みやすくするのは、じっくり考えるスローシステムを使ってファストシステムをより効果的に作動させるようにする良い実例だ。「はじめに」で見てきたとおり、われわれは入手可能なすべての情報を取り込み、想定されるあらゆるメリット、デメリットを比較検討したうえで最適な意思決定を下すなどということは不可能だ。だが、このことを理解していれば、将来の意思決定にかかる認知的負荷を軽減し、もっとも注意力が必要な場面で存分に発揮することができる。

これとまったく同じ思考法をとっていたのがアメリカのオバマ元大統領だ。アメリカの月刊情報誌『ヴァニティ・フェア』誌の取材で、在職中、グレーか紺のスーツしか着なかった理由を問われたオバマ氏はこう答えている。「判断の機会をなるべく減らすようにしているんだ。日々自分が食べるものや着るもののことまでいちいち考えたくないのだ。ただでさえ判断しなければならないことが山のようにあるからね」

自分のブライトラインをどのように設定するかや、他にも目標達成に向けて取り組みやすくなる方法がないかをじっくり考えてみてほしい。これは、自分の善意に従ったプランを立てる第一歩となる。

なかには比較的取り組みやすい方法もある。たとえば、減量をしようとしているなら、ダイエットのルールをシンプルにするのと併せて、ついつい手が出てしまうおやつを家や職場に置かないようにする（あるいは、せめて目に入らないようにする）等だ。わざわざ手間暇かけて取ってこようとはしないだろうから意味があるのだ。

運動不足だと感じているなら、どうやったら運動に取り組みやすくなるかを考えよう。たとえば、通勤に運動を組み込んでみるとか（いつもよりひと駅前でバスや電車を降りて少し速いペースで歩いてみてはどうだろう？）、寝る前に運動用のウェアを準備しておいて、翌朝起きたらすぐにジョギングに行けるようにする等だ。

家族との時間をもっと大事にしたいのに、なかなか仕事のメールを切り上げられないという場合には、スマホを使ってブライトラインを設定してはどうだろう――午後8時以降や週末にはメールアカウントにログインしない、というふうに。

言い換えれば、**何が目標達成の妨げになっているかを特定し、これをいかに取り除くか**、ということなのだ。本書の冒頭でポールが復職しやすくなった大きな要因は、既存の求職システムにあったいくつもの不都合（大量の書類作成義務等）が取り除かれ、早期に職探しに取りかかれるようになったことだった。

シンプルなプランを立てるための第一歩は、特定の行動をとりやすくなるように工夫したり、自分でブライトラインを設定したりすることから始まる。これが、1日や1週のなかの特定のタイミングと、そこでとるべき行動とを意識的にリンクさせるという、プランニングの次のステップへとつながっていく。

【ルール2】実行可能なプランを立てる

だれでもインフルエンザにかかったことがあるだろう。高熱、倦怠感、体中の痛み、ズキズキする頭痛等に悩まされたことがあるはずだ。だが、どれもよくある症状だし、その初期症状が普通の風邪と似ているからだろうか、ついつい油断して、この病気の恐ろしさを見過ごしてしまいがちだ。

たいていは1週間かそこらで治るものだが、なかには運悪く重症化してしまう人もいる。子ども、高齢者、妊婦、基礎疾患のある人は特に重症化しやすく、肺感染症のような重篤な合併症を引き起こすこともある。ちょっと風邪をこじらせただけだと思っていたのが、実は致命的な病気だったということもあり得る。インフルエンザはアメリカだけでも、毎年20万人以上が入院し、8000人を超える死者が出るほどの病気なのだ。(2・9)

だが、幸いなことに、この病気には予防接種がある。これにより、死亡率と罹患率、そして、医療費も抑えることができるのだが、問題は、もっとも予防接種を受けるべき人たちが受けずにいるケースが非常に多いことだ。接種のメリット、デメリットを比較検討し、期待される効果に対して副反応（微熱、筋肉の痛み、注射した部分の痛み）の負担が大きいと判断して受けていない人も一定数いるが、大半はそもそも接種の予約自体を忘れているか、予約はしても当日病院に行くのを忘れたせいで、接種を受けていない人たちだ。

このように、すべきことがあるのになかなか実行できないような場合に絶大な効果を発揮するのが、シンプルなプランを立てるという方法だ。

ペンシルベニア大学ウォートンスクールで精力的に研究を行なっているケイティ・ミルクマン教授は、この点に注目して実験を実施した。同教授の研究チームはアメリカ中西部のある大手電力会社と共同で、同社の従業員中、インフルエンザ関連の合併症の発症リスクが高い3300人に対し、接種率を上げられるかを調査した。

被験者は全員、病院での予防接種の実施時期に関するお知らせを受け取った。これを受けて実際に接種の予定を立てた人はわずかだった。だが、予防接種の実施日時の情報に加え、自分が何日の何時に接種を受けに行くかを該当欄に記入させる、という小さな変化を加えただけで、接種率は13％増加した。こういう変化がアメリカ全土、さらには欧米諸国に広く行き渡れば、何千もの命を救うことができるはずだ。(2-10)

このミルクマンによるプランニングを促すお知らせは、本章の冒頭で紹介したオバマ氏への投票促進の事例のコンセプトと同じだ。いずれも、ニューヨーク大学心理学部教授のピーター・ゴルヴィツァーが開発した**「実行意図」**と呼ばれる概念に由来している。

同教授は、何かをする意図はあるのに、そのための行動をとることができない状況について研究を行なった。その結果、**予想される将来の状況と、目標の達成に必要な行動とを認知的に関連づけることができれば、人は自分の意図したことをやり遂げる可能性が高まる**ことを示した。

ミルクマンの事例では、特定の日時と予約どおり接種に行くこととを認知的に関連づけるよう被験者を促した。このケースでは、空欄に日時を書き込むだけでよかった。オバマ氏への投票の事例はこれとまったく同じ手法をより強化したものだ。有権者たちは、選挙の日に投票にいくかどうかだけを訊かれたのではなかった。投票の前は何をしているか、どこから投票所に向かう予定かを考えるよう促されたのだった。こうすることで、たとえば、家で朝食をとった後すぐに投票所に行こうと考えさせるように仕向けたわけだ。

より一般化して言うと、「いつ」「どこに」「どうやって」という問いかけは、状況ごとの合図の役割を果たし、状況（朝食をとる）と行動（投票に行く）を認知的に関連づけるよう促すものだった。これらの働きかけは、他のシンク・スモール戦略と同様、あなたのこれまでの生活を大き く変えさせるものではなく、最終的に目標に到達しやすくするためのちょっとした工夫に過ぎない。

ゴルヴィツァーや彼に続く若手研究者らは、この実行意図をさまざまな領域で利用してきた。ゴルヴィツァーの数ある研究のなかに、学生たちにクリスマスイヴの日の午後と夜をどのように過ごしたかをレポートに書かせる、という半分冗談のようなものがあった。

学生たちは、今回どのように感じたかや、その日の過ごし方が自分の思い描く楽しいイベントのイメージとどのくらい合っていたかを書くよう求められた。しかも、記憶が薄れないよう、クリスマス休暇中にレポートを書き上げるよう指示された。この課題をあえて選んだのは「厄介な課題だけに達成率は低くなるだろう」と予想してのことだ。つまり、学生たちはクリスマス休暇という誘惑があっても課題をやり遂げられるか検証するにはもってこいの課題だったというわけだ。

ゴルヴィツァーは、被験者の学生たちをふたつのグループに分け、一方には、いつどこで机に向かいレポートを書きはじめるつもりかという実行意図を明示させた。たとえば、学生のひとりは、日曜日、教会から帰ったらすぐに父親の机で課題に取りかかるつもりだと言った。実験の結果、実行意図を明示するよう言われた学生たちは、実行のためのプランを立てなかった学生たちと比べて、定められた期限内での課題の達成率が2倍以上高かったことが示された。(2・11)

この事例は少々風変わりで、自分の個人目標の参考にはならないと思うかもしれない。だが、同教授はこのテクニックを使った94もの研究結果をレビューした結果、あなたが設定しそうなほぼすべての目標でこのテクニックは効果があることを示した。(2-12) 果物をたくさん食べる、公共交通機関を利用する、差別を減らす、運動をする、ダイエットをする、学業成績を上げる、禁煙する、リサイクルを推進する等々――いつ、どこで、どのように意図したことを実行する、というシンプルなプランを立てることは、このようなさまざまな目標達成の場面において効果的なのだ。(2-13)

このテクニックの一類型に**「if-thenプランニング」**と呼ばれる方法がある。これは「もしXだったらYをする」というプランの立て方で、挫折の要因を防ぐ効果もある。「帰宅時間が午後8時を過ぎていたら、仕事のパソコンは開かない」等がわかりやすい例だ。このif-thenプランニングは、必要な行動をいつどこでどのようにとるかを決めるのに効果を発揮する方法なのだ。

目標達成のために実行意図を活用するには、ふたつの方法がある。

ひとつは前章で紹介したように、その目標を構成する「チャンク」に注目する方法だ。長期的な目標の場合、このチャンクは日頃定期的に行なっている行動であることが望ましい。たとえば、45分間、楽器の練習や語学の勉強をするとか、次のマラソン大会に向けて1時間トレーニングをする等で、これらは実行意図の「何を」の部分を構成する。

やらなければならないチャンクを特定したら、その行動を引き出すにはどのような状況がトリガーとなるかを考えてみよう。手っ取り早いのは、自分の日々のルーティンに注目してみることだ。トリガーとして最適なのは、特定の時間や場所で定期的に生じる事柄であり、これが実行意図の「いつ」「どこで」の部分を構成する。

たとえば、朝セットしている目覚まし時計や夕方仕事から帰宅すること等をトリガーにすると、実行意図はこんなふうになる――「水曜日は帰宅したら、1時間マラソンのトレーニングをする」「目覚まし時計が鳴ったら、45分間フランス語のリーディングをする」。前述の予防接種の事例で確認したとおり、こうしたプランは、自分で書いて主体的に実行にコミットすることによって、効果をより一層高めることができる。この点については次章で詳述する。

実行意図を決めるもうひとつの方法は、目標達成の邪魔をする誘惑を防ぎたい場合に特に効果的で、奇遇にもゴルヴィツァー教授の妻、ガブリエル・エッティンゲン教授の専門分野だ。人は夢想にふけったりネガティブ思考に陥ったりすることに多くの時間を費やしすぎているきらいがあるが、本来はこのどちらも少しずつ行うのが望ましいのではないか、というのが同教授の問題意識だ。「**メンタル・コントラスティング**」と呼ばれるこの思考法は、目標を達成した場合のメリットをまずイメージし、次にその目標の阻害要因について考え、両者を頭のなかで対比させるというものだ。[2・14]

ダイエットを例に考えてみよう。夏休みにはスリムになった自分にさぞかし自信が持てるだろうと想像しながら、他方では、外食に行くたび、メインディッシュには比較的ヘルシーなものを選んでも、最後にはついあの魅惑的なデザート——チョコレートケーキのホットチョコレートソースがけ——に目が行ってしまう自分をイメージする、ということだ。

このようなメンタル・コントラスティング（夏休みvsデザート）を実践することができれば、実行意図とif-thenプランニングを用いて、目標達成への途上に横たわるさまざまな障害を回避することができる。

外食のたびにデザートワゴンに吸い寄せられる自分に気づいたら、こうしてみよう。「レストランで接客係にデザートメニューをお持ちしましょうかと訊かれたら、エスプレッソを頼む」あるいは、何かに関してメールで責められたとき、夜遅くに返事を書くとどうしても言い訳がましい文面になってしまうことに気づいたら、こうしてはどうだろう。「注意を要するメールを書くときは、一旦下書きのまま保留にし、翌朝一番で見直してから送信する」

メンタル・コントラスティングと実行意図は、このように組み合わせると一層効果が増す。(2・15) 行動洞察チームでは、数多くの複雑な社会問題——子どもの肥満、犯罪者の復職支援、家庭内暴力（DV）の再犯防止等——の解決にこのテクニックを使っている。

これらのテクニックを活用するしないにかかわらず、考え方の基本は同じだ。すなわち、**目標を達成したいなら、シンプルなプランにしたほうがよい**、ということだ。

そして、ベストなプランの立て方は、「日々のルーティン」と「とるべき行動」を連動させることだ。そうすることで、何をやるか（ジョギングに行く、ヘルシーな食事をする等）を考えることから一歩踏み込んで、それをいつ、どこで、どのようにやるか（仕事から帰ったら、社員食堂に行ったら等）を考えられるようになる。

これができれば、プランは習慣に変わるのだ。

[ルール3] プランを習慣化する

1971年、アメリカ陸軍はある注目すべき研究を行なった。ベトナム戦争からの帰還兵約1000人にインタビューを行い、それぞれから尿サンプルを採取した結果、憂慮すべき事実が判明した。被験者943人中495人が薬物検査で陽性と判定され、そのうちの4分の3がベトナム駐留中に薬物中毒になっていたことを認めたのだ。

一般に、薬物を断ち切るのはきわめて困難だ。薬物中毒の臨床ガイドラインでも、薬物を摂取しなければならないという強烈な強迫感、薬物摂取行動をコントロールすることの難しさ、薬物の使用を中止した際の深刻な生理的禁断症状等について言及されている。

それだけに衝撃的だったのは、薬物常用者の被験者グループをベトナムから帰国して8~12カ月後に再調査した結果、薬物依存状態が続いていたのはわずか7%に過ぎず、薬物を再度使用した者は約3分の1に留まっていたことだ。

この研究結果は、世の常識を覆すものだった。薬物依存状態にあった大勢の人たちが、みなで一斉に薬物を断ち切ることは可能だったのだ。(2・16)

それでは、この人たちの再発率が、もっと若い薬物常用者たちの同期間の再発率よりもずっと低かったのはなぜだろう？　その理由は非常に興味深く、また、驚くほど単純だった。軍人たちの薬物使用は、戦争という、彼らが置かれていた特殊な状況と密接な関係があったのだ。ベトナム駐留中、彼らが置かれていた環境には薬物使用のトリガーとなり得るさまざまな合図があった。だが、アメリカに帰ってくると、これらの合図はほとんど存在しないため、それがトリガーとなっていた行動もその後は見られなくなったわけだ。つまり、帰還兵たちは薬物を使用するような状況に再び陥ることはなかったのである。

ほとんどすべての帰還兵が薬物を断ち切ることができた理由はこれだけで十分であり、みなの意志の力を挙げるまでもないだろう。(2・17)

この説明が正しければ、さまざまな薬物中毒から脱却しようとしている人たちを助ける手がかりとなるかもしれない。実際、環境に大きな変化があった人で長期の薬物使用が見られるケースは非常に少なく、薬物中毒の再発率は、過去の薬物使用時と似た状況的合図に晒された場合にきわめて高くなる、という研究結果も後に報告されている。薬物依存からの治療計画で、回復期にある患者に新たな土地への転居を勧めたり、以前薬物を使用していた場所を避けるよう忠告したりするのはこのためだ。[2・18] 第5章「共有」では、この効果に社会的要因も強く影響していることを取り上げる。

シンプルなプランを立てるうえで状況的合図が非常に重要であること、また、意図した行動と日々のルーティンのタイミングとを認知的にリンクさせる「実行意図」がそれに役立つこともすでに見てきた。一方で、ベトナム帰還兵の話は、いかにして長年の習慣を断って新たな習慣を身につけるかを示唆するもので、個人の目標達成に役立つ新たなツールのヒントを与えてくれる。

これが、ベトナムからの帰還よりもっと身近な状況だとどうなるだろうか。それを知るには、アメリカの映画館に行き、そこにいるポップコーン好きの人たちの様子を観察してみるのがいいだろう。

アメリカ人はポップコーンをよく食べる。その消費量は160億リットルにのぼり、エンパイアステートビル18個分に相当する。[2・19] 多くの人にとって、映画館でポップコーンを食べるのは習慣となっているといってよい。長い年月をかけて定着したお決まりの行動であり、なかなかやめられない。

映画館でポップコーンを食べるのがどれほど根強い習慣となっているかを検証するため、研究チームは、映画館に来た人にできたてのポップコーンと湿気《しけ》たポップコーンのいずれかを渡すという、ユニークな実験を行なった。だれも湿気たポップコーンが好きだとは言わないだろう。だが、研究チームは、ポップコーンを食べる習慣がある人は味には鈍感で、湿気ていても気にせず食べ、ポップコーンをめったに買わない人は、湿気ていたら食べるペースが遅くなるだろうと予測した。湿気たポップコーンが実際においしくないことを確認するため、被験者全員に自分が食べたポップコーンの味を評価してもらった。当然のことながら、できたてのポップコーンの圧勝だった。

この実験結果は研究チームの予測と完全に一致した。映画館でたまにしかポップコーンを食べない人たちは、湿気たほうはあまり食べなかった。他方で、ポップコーンを食べる習慣が根強い人たちは、湿気たほうでもできたてと同じだけ食べた。**習慣となっている人にとっては、ポップコーンは映画館に行ったら必ず食べるものであり、それがおいしいかどうかは関係ないようだ。**

だがここで、彼らは映画館だからポップコーンを食べるのではなく、ポップコーンそのものが好きだから食べているのだという反論が出るかもしれない。つまり、この人たちは単に「ポップコーンを食べる習慣」があるだけであって、「映画館でポップコーンを食べる習慣」があるわけではないと。

この説を検証するため、研究チームはひと工夫し、いくつか並行研究を行うことにした。ひとつは、映画を鑑賞するという設定を変えてみた。被験者がポップコーンを渡されて向かう先は映画館ではなくキャンパス内の会議室とし、会議室では映画ではなくミュージックビデオを見せることにした。普段と違うこの状況だと、ポップコーンを食べる習慣が根強い人でも、湿気たポップコーンはあまり食べなかった。(2-20)

この研究を主導したデイヴィッド・ニールは「特定の食品を特定の環境下で繰りかえし食べると、脳はその食品と環境を関連づけるようになり、その環境的合図が続くかぎりその食品を食べつづけるようになる」と結論づけた。(2-21)

アメリカで映画を観に行く人たちのポップコーンの食べ方とベトナム帰還兵の薬物乱用では、まったく次元の違う話だと思うかもしれない。だが、これらの事例は、習慣がどのように定着したり断ち切られたりするのかということについて、重要な示唆を与えてくれる。これら習慣形成の性質を理解すれば、自分の目標達成に資する新しくポジティブな行動を習慣化し、妨げになる悪い習慣を断ち切ることができるようになる。

もっとも、習慣形成についてはいまだに論争が決着していない点もある。学術的な問題ではよくあることだ。だが、ベトナム帰還兵の例と映画館の研究の双方に見られた次の3つの点については、コンセンサスができつつあると言ってよいだろう。

第一に、習慣には何らかの合図、またはトリガー（映画館に行くこと）**が必要だということ。第二に、習慣には「ルーティン」、つまり、実際の行動**（ポップコーンを買って食べること）**が伴っていること。そして、もっとも重要な第三として、このルーティンがいつも同じ状況で繰りかえされるということだ。**この繰りかえしによってはじめて、直面する状況とその際にとる行動とが自動的にリンクするようになる。(2・22)

行動が繰りかえされるようになると、その都度、意識的に注意を払うことも、メンタルなエネルギーを使うことも必要なくなる。そのうち、環境的合図に行動が自動的に反応するようになり、意識的にコントロールしたり集中的に努力したり過度に慎重にならずともルーティンが実行されるようになる。(2・23) このようなメカニズムにより、習慣は非常に大きな力を持ち得るわけだ。

自分のオフィスが別の場所に移転したことに気づかないまま、いつものルートで通勤してしまうというようなことはだれにでも経験があるだろう。これが習慣というものだ。

広く誤解があるようだが、何回繰りかえせば習慣が形成されるという魔法の数字があるわけではない。ある行動を50回ないし21日間続けると習慣になるなどと言われることもあるが、この点に関して体系的に研究した人はほとんどいないし、研究を試みた人でも、明確な答えを見つけるには至っていないようだ。

数少ない研究のひとつに、実社会における健康習慣の形成を追跡調査したものがある。大学に入学したばかりの96人の学生を対象に、ある決まった合図を受けて特定の行動を繰りかえすよう指示した（「朝食の後、散歩に行く」等）。その結果、18日間で習慣が形成された学生もいれば、もっと長く――最長254日――かかった学生もおり、その平均は66日だった。これと併せて、多くの場合、初期の繰りかえしによって自動性は大幅に上昇するものの、繰りかえすたびに自動性の上昇幅は減少していく、という共通のパターンも確認された(2・24)。

言い換えれば、習慣の定着度は着実に増していくが、同じ状況の同じ合図に反応して決まった行動を繰りかえすたびにその度合いはだんだん弱まり、最終的には一定になるという。

それでは、習慣に関するこれらの新たなエビデンスを、われわれはどのように自分の目標達成に活かせばよいだろう？

ここで使えるテクニックは3つあり、どれを選ぶかは、あなたがこれまでの悪い習慣を断ち切ろうとしているか、あるいは、新しいポジティブな習慣を身につけようとするかで変わり得る。

ひとつ目は、前のセクションで述べた「実行意図」に基づくテクニックだ。**日々の生活のなかで合図となり得る事柄を決め**（**アラームが鳴る、家を出る、職場に着く等**）、**その合図を新たなルー**

ティン実行のトリガーにする、というものだ。

新たなルーティンを何度も何度も繰りかえすことによって、プランは習慣に変わる。デンタルフロスで歯間をきれいにしようと思うなら、就寝前の歯磨きの後、いつも必ずフロスをすることだ。いつも同じ状況で繰りかえすことが何より大事であり、汚れが気になったときだけやる、という頻度では習慣にはならない。本を出版したいのなら、毎朝出勤前のアラームを合図に、45分間の執筆時間をとろう。最初は苦痛に感じられるかもしれない。だが、しばらくやっていくうちに、合図（アラームの音）がトリガーとなって自動的に反応が引き起こされ、特定の行動（朝食を食べる、書斎に行って執筆する）をとれるようになるのだ。

ふたつ目のテクニックは、**悪い習慣を引き起こす合図を断ち切る**方法で、ベトナムから帰還したアメリカ軍兵士たちの事例に見られたものだ。彼らに薬物摂取を促していた合図が断ち切られると、摂取量は急速に減少した。ポップコーンの研究でも同じ効果が確認された。映画館で映画を観るのではなく、会議室でミュージックビデオを観ることによって合図は断ち切られ、被験者の行動は変化した。

合図を断ち切るコツは、いかに自分の日々の環境を変えるかだ。たとえば減量を目指すなら、冷蔵庫や食品棚から不健康な食品を排除し、代わりに健康的な食品を置いてより良い食行動を心がけよう。一気に変えるのはハードルが高いと感じるのであれば、せめて不健康な食品を手が届かない一番上の棚に移動させてみよう。このちょっとした工夫で、合図に反応する自動性が驚くほど断ち切りやすくなることを実感するだろう。本章の冒頭で触れた「やりやすくする」原理と密接に関連している。

合図の断ち切り方として効果的なのは、生活面で自然と起こる変化をうまく捉えることだ。たとえば、ある研究によれば、通勤手段を変えるベストタイミングは仕事や職場が変わるときだという。大学入学、結婚、第一子の誕生といった人生の節目をきっかけに合図を断ち切るのもよいだろう。

3つ目は、合図自体は変えずに、ルーティンのほうを断ち切るテクニックだ。これにはいくつかやり方がある。

ひとつは、**何かひと手間加えたり変えたりすることによって習慣化された行動自体に意識を向けざるを得ないようにし、結果としてその行動をとりづらくする**という方法だ。ポップコーンの事例では、映画を観にきた人たちに利き手ではないほうで（右利きの人には左手で、左利きの人には右手で）ポップコーンを食べてもらうという一風変わった実験をしたところ、その効果は絶大だった。習慣的にポップコーンを食べている人たちでも、利き手が使えないと、湿気たポップコーンを食べた量はずっと少なかったという。[2,25]

ふたつ目は、**古いルーティンを新しいルーティンに置きかえる**という方法だ。たとえば、喫煙者の間で広く利用されるようになった電子タバコは、悪い習慣（タバコを吸うこと）を健康面への影響が少ない習慣（電子タバコを吸うこと）に置きかえるものだ。

ここで注目したいのは、その行動のトリガーとなっている合図自体を変える必要はなく、合図に対する反応だけを変えるということだ。たとえば、ストレスに晒されると喫煙してしまう等、トリガーとなっている合図自体を変えることが難しい場合に絶大な効果を発揮する方法である。

習慣とは、特定の合図やトリガーをきっかけに「過去に何度も繰りかえしてきた」行動が、無意識に出ることである。(2・26) 多くの点において、習慣は行動変容の究極の理想形といえる。なぜなら、習慣は無意識の行動である可能性が高く、その行動をとるために認知努力は必要ないからだ。

本章の主題はプランの立て方だ。だが、プランといっても、表計算のスプレッドシートや膨大な to-do《やること》リストの話ではない。われわれが提案したのは、いくつかの小さな変更を加えることによって、目標達成へのステップをクリアしやすくする方法だ。

重要なポイントは、**プランをシンプルにする**ということだ。これこそ、シンク・スモールのテクニックにおける最重要ポイントと言っていいだろう。明確な「ブライトライン」を設ければ、プランに沿って続けやすくなるし、複雑すぎるルールのせいでしょっちゅう挫折するようなこともなくなるはずだ。

　ひとつひとつの行動をきちんとやり遂げられるようにするには実行意図のテクニックが使える。これは、必要なタスクをいつ、どこで、どのように行うかを決めるという方法で、するべきことや避けたいことを日常生活の特定のタイミングと意識的にリンクさせられるのが利点だ（「仕事から帰ったら、5キロのジョギングに行く」等）。

　そして、こういう単発の行動も、同じ状況を合図に何度も繰りかえすことによって習慣に変えられるということも学んだ。習慣化すると、それをするための認知努力は少なくて済み、タスクがグッとシンプルなものになる――やりはじめる前は、楽しい活動とはほど遠い雑用のように感じられるタスクの場合はなおさらだ。

　このようにして目標達成までのプランニングができれば、この先の章に進む準備は万端だ。

第3章

コミットメント

行動洞察チーム発足初期のころ、ローリーは以前より運動不足になっていると感じていた。ロンドン郊外から時間をかけて通勤し、オフィスでは長時間勤務、さらに、仕事の後に飲んで帰ることもあるという毎日だった。高校や大学時代にやっていたサッカーやラグビーの練習からもすっかり遠ざかってしまい、いまでは立派なビール腹になってしまったことにふと気づいた。

そこでローリーは、多くの人が人生で一度は経験する「あれ」をしようと決心した――そう、ジムに入会したのだ。このジムは月会費がかなり高かったが、むしろそのほうが好都合だとローリーは考えた。この毎月の出費が自分のお財布事情を圧迫しているという認識があるだけで、ランニングマシンやバーベルに向かうモチベーションになるだろうと考えたのだ。

出費の元を取らなければ。少なくとも、このときの彼はそう考えていた。

数カ月が経ち、ジムに数百ポンドを費したローリーは退会を決めた。ろくに通っていなかったからだ。だが、なぜ通えなかったのか、それはどうすれば克服できるのかはわかった気がした。ローリー自身のモチベーションの問題でもなければ、ジムそのものが悪いわけでもなく、その不便な立地が問題だったのだ。

彼は、行動洞察チームのオフィスがある財務省の建物の地下にジムがあることを聞きつけると、そこへの入会に切り替えた。最初のジムほどおしゃれではないが、仕事場からこれだけ近ければ、早めに出勤し、サクッとトレーニングして気分爽快で出社できると考えたのだ。昼休みにちょっと寄っては軽くトレーニングをして、いい感じにお腹をすかせたりカロリーを消費したりもできそうだ。それは完璧なプランに思われた——少なくとも最初の1週間は。始業前に軽くトレーニングをしたり、昼休みにランニングをこなしたりもできていた。だが、2週目には早くも出席率は落ちはじめ、それ以降は前のジム以上に行かなくなってしまった。

皮肉なことに、ジムの近さは助けとなるどころか妨げとなった。ジムはすぐそこにあるだけに、明日でいいやとつい思ってしまう。だが、その明日が来ることはない。いつも何かしら用事ができてしまうからだ。大臣宛の報告書やブリーフィングをまとめなければならない。チームの同僚から、打合せは明日ではなく帰りにパブで飲みながらやろうと誘われる。妻のエレインが外で食べて帰ろうと言ってくる等々——どれも、トレーニングウェア姿の大蔵省仲間たちに囲まれながらランニングマシンに向かうよりもはるかに重要か、楽しい用事ばかりだ。ジムにはいつでも行けると思うからなおさらだろう。

こうしてローリーは今度もまた、ある有名な論文の言葉どおり、「ジムに行かないことに対してお金を払っている」状態になっていた。(3-1)

だが、幸いにも彼はこの事態を回避するテクニックを心得ていた。彼は「コミットメントデバイス」を導入することによって、今後ジムに行くことを自分自身にコミットすることにしたのだ。

ローリーはまず、かつての体力に戻すには、ジムには少なくとも週2回は行かなければならないだろうと考えた。前の年に数えるほどしかジムに行かなかった彼にはストレッチ目標といえるが、ぎりぎり現実的なレベルと思われた。

次に、この当時、行動洞察チームのオフィス中央の壁に設置されていたホワイトボードをチーム初のコミットメントボードにしてしまった。ローリーはこのボードに自分のコミットメントを書き込んだ。「私はこれから3カ月間、週2回ジムに通う」。このようにローリーは、コミットメントの内容を書き出して周囲に宣言するという古典的な行動テクニックをあえて自分に適用し、目標を達成しやすくしたのだ。コミットメントを決め、それを書き出して周囲に宣言したとたん、その宣言を守らなければならないという強い義務感が生まれることを彼は知っていた。

彼はもうひとつ、宣言を撤回できないようにする工夫をした。コミットメントレフリーを任命したのだ。その人に自分の取り組み状況を監視してもらい、ちゃんとできていなかったらペナルティを課してもらうのだ。

このレフリー役を買って出たのはオウェインだった。彼はローリーが宣言をきちんと守っているかを判断し、守れていなかったら、あらかじめ決めてあったペナルティをローリーに課すべきかをジャッジするという役まわりだ。どのようなペナルティや報酬を自分に与えるかについては後の章で詳述するが、ここでは、ローリーのペナルティがかなり厳しいものだったということだけ言っておこう。そのペナルティとは、ローリーが大嫌いなサッカーチーム（それがオウェインの贔屓のアーセナルだったのがミソだ）の看板選手（当時はロビン・ファン・ペルシ）の名前と背番号入りシャツを着て1日出社しなければならない、というものだった。

最初は、週2回ジムに通う気力を奮い立たせるのに苦労したが、宣言を守らなければというプレッシャーと、ロビン・ファン・ペルシのシャツを着なければならないという屈辱に比べれば、最初に感じた苦痛など大したことではなかった。

数週間経つと、これがルーティンとなってきたことに彼は気づいた。結果、ローリーは目標を達成し、オウェインはアーセナルのシャツ姿のローリーを見る楽しみはお預けとなった。だが、それ以上に有意義だったのは、この一件以来、われわれふたりとも、このコミットメントデバイスを仕事でもプライベートでも取り入れるようになったことだ。貯金、海外での行動洞察チーム設立、家族との時間を増やしたいとき等で大いに活用している。

コミットメントの仕方は比較的シンプルだ。だが、お察しのとおり、いくつかの小さな事柄に気をつければ、コミットメントはさらに補強され、最後までやり遂げやすくなる。ここでのルールは次の3つだ。

【ルール1】コミットメントを決める……まずコミットメントの内容を決め、それが最終的な目標と目標達成のための小さなステップに直結していることを確認する。

【ルール2】コミットメントを書き出し、公にする……それを書き出し、まわりに何らかの形で宣言すると、自分でもそれを忠実に守ろうという気になる。

【ルール3】コミットメントレフリーを任命する……レフリー役の人は、あなたが宣言した目標を達成できるよう後押しする。この役には、あなたが信頼を寄せていて、かつ、挫折した際には迷わずペナルティを課すことができる人が適任だ。

［ルール1］コミットメントを決める

想像してみよう。今日は水曜日の夜だ。ハードな一日を終えて帰宅したが、冷蔵庫にはたいした食材がない。それなら、何かテイクアウトして映画でも観ながらくつろごうと考える。ピザを頼みテレビをつけるが、ここで何を観るかの選択を迫られる。

一方の選択肢は、おもしろいが俗っぽい映画――『ピッチ・パーフェクト』［訳注：2012年公開のアメリカのミュージカルコメディ映画］や『バットマンvsスーパーマン』［訳注：2016年公開のアメリカの実写映画］の類で、その場かぎりの娯楽性を重視した作品だ。もう一方の選択肢は、まったく異なるタイプの映画、すなわち、もっと教養度の高い作品――『それでも夜は明ける』［訳注：2013年公開のイギリス・アメリカ合作の歴史ドラマ映画］や『リンカーン』［訳注：2012年公開のアメリカの伝記ドラマ映画］の類だ。純然たる娯楽作品とは言いがたいが、どちらも前から観たいと思っていた作品で、『ピッチ・パーフェクト』からは得られないおもしろさがあるにちがいないと思っている。

ハードな1日の終わりにこの選択を迫られたあなたはどちらを選ぶだろう？　娯楽映画か教

養映画か？

いつも教養映画を観ようと思っているのに、いざとなると娯楽映画のほうを選択してしまう――あなたも行動科学者のダニエル・リードやジョージ・ローウェンスタイン、共同研究者のショバナ・カリアナラマンと同じように、こんな経験があるのではないだろうか。

一般に教養映画は、ずっと観ようと思っていた、あるいは、もっと前に観ておくべきだった（そして、観終わったときに観たことを後悔しないであろう）作品であるのに対し、娯楽映画は「おもしろいがすぐに忘れ去られてしまう作品」だ。研究グループがこの教養映画現象を議論しはじめた当初、彼らの仲間うちでは『シンドラーのリスト』［訳注：1993年公開のアメリカの歴史映画。第二次世界大戦中、多くのユダヤ人を虐殺から救った実在のドイツ人実業家を描いた作品］を観ようと思っていたのに、実際に観るまでに何週間もかかった人が多く、結局まったく観なかった人も多数いたと述べている。[3・2]

優れた行動科学者の例に漏れず、リード、ローウェンスタイン、カリアナラマンも、この深い洞察に富んだ観察結果のみ示して終わり、とはしなかった。彼らは、人がさまざまな意思決定を迫られたとき、この現象がどのような結果を生むかを調べる実験を考えた。

被験者の学生たちをランダムにふたつのグループに分け、3日間の日ごとに観たい映画を全部で3作品選んでもらった。その際、どちらのグループにもある重要な条件を付した。第一のグループには、その日ごとに観る作品をひとつ選んでもらった。つまり、このグループは、仕事から帰宅した人がその場ですぐに観る映画を選ぶのと同じ状況にしたのだ。これに対し、第二のグループには、1日目に3日分の映画を選んでもらった。どちらのグループも1日目については、その日に観る分をその日に決めたため、結果はほぼ同じであったが、2日目、3日目については異なる結果が得られた。第二のグループは、未来に観たいものをいま選択していたのに対し、第一のグループは常にいま観たいものをいま選択していた。

つまりこの実験は、学生たちに未来の選択をコミットさせることによって、彼らが、その場の衝動で選びがちなもの（『バットマンvsスーパーマン』）ではなく、本来意図していたもの（『シンドラーのリスト』）を実際に選択するかを問うものだったのだ。

結果は想定どおりだった。毎晩その場で作品を選んだ第一のグループでは、被験者の大半が3日間とも娯楽映画を選択した。これに対し、第二のグループでは、娯楽映画が多く選択されたのは1日目のみで、2日目、3日目については、どんな作品を観るべきかを学生たちがじっくりと考えるため、教養映画が選ばれやすいという結果となったのだ。[3・3]

これはともすると、映画という分野についてだけいえる、取るに足りない実験と思うかもしれないが、決してそうではない。この実験は、われわれが未来のことをどう考えているかについて、実に多くのことを教えてくれる。

われわれが未来の「美徳」（教養映画、グリルチキン＆サラダ、仕上げなければならないレポート）よりも、目先の「悪徳」（娯楽映画、ハンバーガー＆ポテト、仕事中のネットサーフィン）を選びがちなのは、「悪徳のほうが多くの報酬をいま与えてくれるから」である。[3-4] これは行動科学で「**現在バイアス**」と呼ばれるもので、明日の大きな利益よりも今日の報酬を優先し、重要な意思決定や行動を先延ばしすべきでないとわかっていながら先延ばししてしまう心理特性のことだ。

明日の玄米や運動より今日のケーキやリラックスがいいし、老後のための貯金よりいま手元にあるお金を使いたい。気候変動のようなグローバルな課題への取り組みがなかなか進まないのは、コストだけが先行し、その恩恵はずっと先の未来でしか得られないからだ。言うなれば、アイスやビールを好む現在の自分と、デザートを我慢し炭酸水を飲む、模範的な選好を持つ未来の自分がいるようなものだ。

問題は、どこかの時点で未来の自分は現在の自分になる、ということであり、まさにここが3人の共同研究の優れたポイントであった。彼らは、現在の自分に未来の自分を想像させ、前もって特定の意思決定をさせることによって、時間的なハードルを乗り越えられることを示した。これこそがコミットメントデバイスだ。つまりこれは、**未来の世界で意思決定を行うのはその時点の現在の自分であることを踏まえて、現在の自分が、未来の自分に正しい道を選ばせるために行う誓いに他ならないのだ。**[3-5]

ローリーのように定期的にジムに通う自信がないとか、語学のレッスンを続けられそうにない（未来の自分は動詞の活用を覚えるよりもパブに飲みに行くほうを選ぶかもしれない）という人は、自分自身にコミットメントを課すとよい。コミットメントを補強する方法については次のセクションで取り上げるが、ここではコミットメント（ジムに行く、語学のレッスンを受ける等）を決めることこそが重要な第一歩であることを押さえておこう。

決め方としては、最終的な目標（マラソンを4時間以内で完走すること）にコミットしてもよいし、その目標を達成するうえでもっともハードルが高いと感じているステップ（週3回ジョギングに行くこと）にコミットしてもいいだろう。さらに、このコミットメントを、自分自身へのペナルティや報酬と連動させると一層効果的だ（このようなインセンティブの設定の仕方については第4章「報酬」の章で取り上げる）。こうすると、挫折したらそのことがはっきりわかるため、コミットメントに拘束力を持たせるには最強の方法だ。

これらをすべて実践すると、自ら立てた誓いを守らねばと強く思うようになり、コミットメントを破ることに抵抗感を覚えるようになるだろう。この切迫感こそが、挫折を未然に防ぐのに役立っているのだ。(3・6)

コミットメントデバイスを用いてストレッチ目標の達成を促す事例のひとつに、貯蓄に関するものがある。これらのテクニックをすべて取り入れているという点で注目に値する。
約７００人の被験者を対象に、通常の預金口座か、自ら設定した額に達するまで引き出せないコミットメント預金口座のいずれかを開設する選択肢を与える。貯蓄者は目標を、まとまった額のお金が必要な時期（クリスマスシーズンや新学期等）に合わせてもよいし、特定の金額を設定してもよい。どんな目標にするかは完全に自由だったが、ひとたび目標が決まったら、そのコミットメントには拘束力が伴うことが条件とされた。つまり、目標額に到達するか、目標の期日になるまでお金は受け取れないということだ。[3・7] 1年後、研究グループがコミットメント口座を開設した貯蓄者たちの平均預金額を、通常口座を持つ対照群と比較した結果、コミットメント口座の貯蓄者のほうが81％も高かったことがわかった。

われわれがこの研究に注目したポイントは、被験者がだれひとりとして口座開設を強制されていなかったことだ。実際、だれも口座を開設しなかったとしても不思議はなかった。被験者たちには金銭的インセンティブはいっさい与えられていなかったし、急な出費に対応できなくなるという不都合もあり得たからだ。それなのに、コミットメント口座開設の選択権を与えられた被験者の4分の1から3分の1が実際にコミットメント口座を選択している。これほどの人たちがコミットメント口座を開設しようと考えたこと自体、注目すべき発見であった。なぜなら、一定数の貯蓄者が、自分の意志の弱さゆえに、未来の選択を担保するのが難しいのを十

分に認識していたことになるからだ。(3・8)

よくよく考えてみると、われわれも日常的にコミットメントデバイスを利用していることに気づく。子どもの部屋が散らかっていてイライラする親は、ただ単に片づけなさいと言うだけでなく、片づけることを子どもに約束させる。トレーニングもパートナーと一緒にやれば、相手をがっかりさせたくない一心で挫折を免れるだろうし、半年後のハーフマラソンにエントリーすれば、嫌でもトレーニングをするだろう。

同じように職場でも、次の会議までに何をすべきかを同僚に発表してもらうことによって、彼らがそれを実行する可能性を高めているのだ。食料品のオンライン購入が増えてきた理由は、未来の自分の選好に合った商品の購入を自分に課し、現在の自分による衝動買いを回避するためだ、とするエビデンスもあるくらいだ。(3・9)

さまざまな領域において、現在の自分は、未来の自分に対し誘惑に陥らないでほしいと考えていても、いずれ自分はその誘惑に陥ってしまうだろうということを、われわれは直観的に理解しているということなのだ。こうなるのを避けるには、未来の自分の行動についてコミットしてしまうのが効果的だ。目標を決め、それを達成するためのステップを明確にしたら、それらの達成にコミットしよう。

［ルール2］コミットメントを書き出し、公にする

社会心理学で有名な実験のひとつに、「同調」に関するものがある。1950年代に社会心理学者ソロモン・アッシュが発表した古典的実験で、人が特定の集団の社会的圧力にどの程度影響を受けるかを調べたものだ。

この実験で、被験者は2枚のカードを提示される。1枚目には線が1本、2枚目には3本描かれている。2枚目の3本の線のうち、1枚目の線と同じ長さのものはどれかを問う実験で、タスクとしては非常に簡単なものだ。通常であれば、この問題の不正解率は1％に満たない（この1％の人たちはどうしてまちがったのだろう？　正直、不思議だ）。

次ページの図で、実際に試してみよう。図右の3本の線のうち、もう1枚（図左）の1本と同じ長さのものはどれだろう？

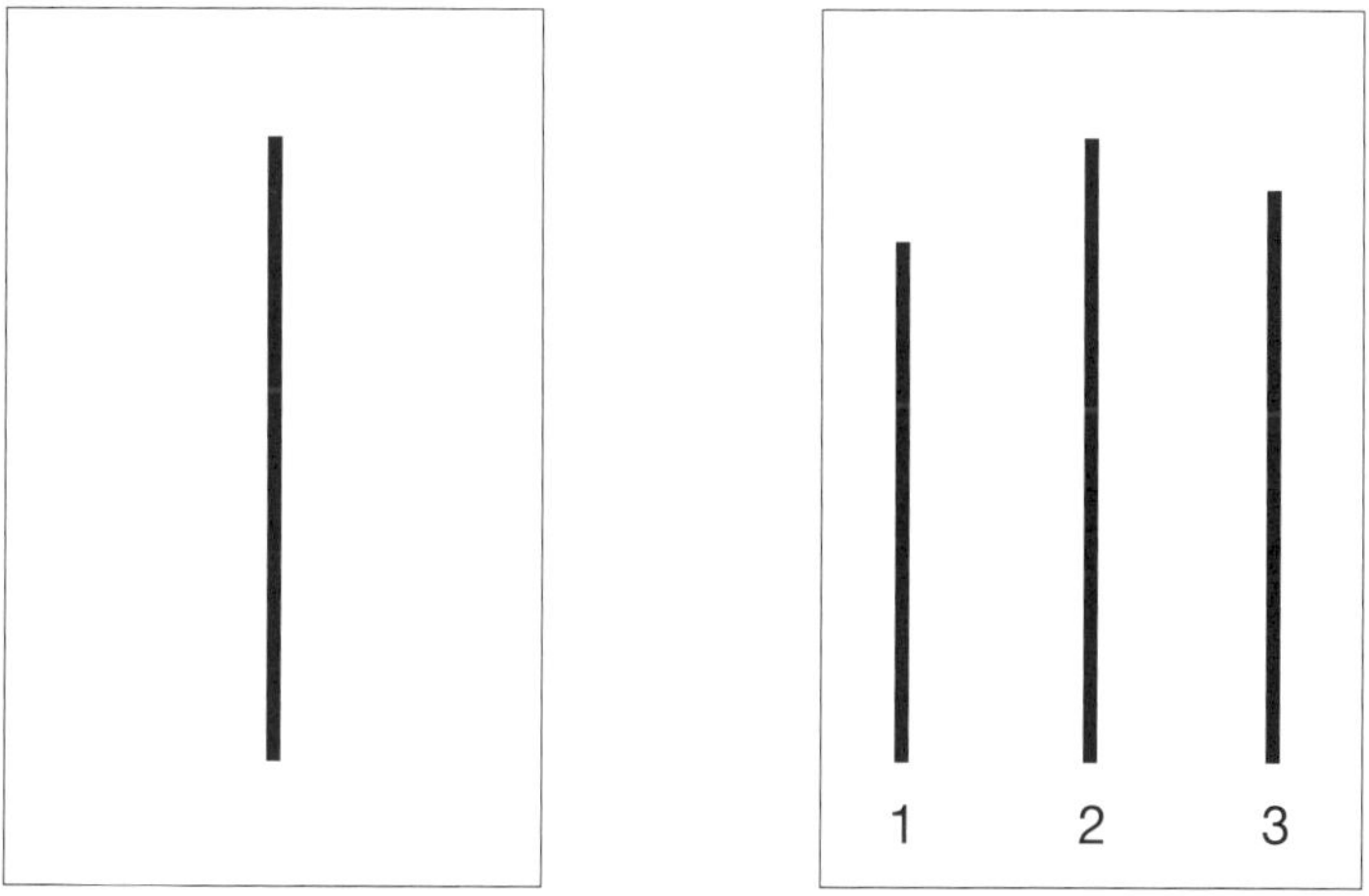

だが、これは心理学の実験であり、正しい線を言い当てられるかを問う問題ではない。狙いは、人の意見と自分の判断が異なっていた場合にどうなるかを調べることだ。

アッシュの実験では、ひとりの被験者が、わざとまちがった回答をする集団とともに部屋に入れられた。この被験者がまわりの集団からの社会的圧力により、明らかにまちがった回答をするかを調べた。

この種の実験にはじめて触れた人は、ここで明らかになった事実に驚くにちがいない――被験者がまわりの集団のまちがった判断に従う確率は37%だったのだ。

1950年代といえば、ホロコースト［訳注：ナチス・ドイツによるユダヤ人大虐殺］の終焉と東西冷戦の幕開けという時期であった。当時の情勢を考えると、これはきわめて憂慮すべき実験結果であった。なぜなら、われわれは思っている以上に集団の圧力に屈してしまう傾向があるということを示唆していたからだ。

アッシュは言った。「この社会には非常に強い同調傾向が認められるため、知的で良識のある若者たちが平気で白を黒と呼ぶようになってしまうのではないかと懸念される」(3・10)。確かにこれは当時の社会心理学者たちにとって驚愕すべき結果であり、憂慮すべきものでもあったが、他方で、個人の意見の出し方を少し変えるだけで、人びとの主張の貫き方に大きな影響を与え得るということも明らかになった。


アッシュに続き、社会心理学者モートン・ドイチとハロルド・ジェラードが再度同実験を行なったが、今度は実験方法を少し変更し、コミットメント方法を変えると被験者の意思が強化されるかを調べた(3・11)。一方の被験者たちは、アッシュのときと同じく線を見せられ、自分の頭のなかで答えを出してから他者の意見に触れるよう指示された。これに対し、もう一方の被験者たちには指示内容を少し変え、答えを自分の頭のなかだけに留めておくのではなく、それを紙に書いてから他者に示すよう指示した。

この方法の狙いは、紙に書くことで自分の答えに対するコミットメントが強化され、集団圧力に影響されにくくなるか、ということだった(3・12)。答えを紙に書かなかった場合の実験結果はアッシュの実験結果と非常に似通ったものとなった。今度の被験者も同じく同調圧力を感じ、線の長さに関してまちがった判断を繰りかえした。ところが、答えを前もって紙に書くようにする

と、まちがいは大幅に――4分の3以上も――減少したのだ。(3・13)

60年前に行われたこの一連の実験は、あなたの目標とはかけ離れた話のように感じられるかもしれない。だが、ここで示された人間の行動に関する真理を利用すれば、われわれは自分のコミットメントを強化することができる。

最初にとるべきステップは、コミットメントを書き出すことだ。ローリーがジムに関するコミットメントでやったように、共有スペースのボードに書いてもいいし、コミットメントレフリーの面前で紙に書き出してもいいだろう（レフリーについては次のセクションで取り上げる）。

さらに、書き出したコミットメントに署名をすると、その行動を途中で投げ出しにくくなるという驚きの効果もあることがわかっている。署名という手法が現代社会で頻繁に利用されているのも頷ける。われわれは就職や結婚や住宅購入の際に契約書に署名する。契約書は、合意内容を書き、日付を入れ、署名をしてはじめて拘束力を持つと見なされ、これによってわれわれは未来の行動を約束することになる。

世界中どんな組織でも、従業員に年間目標を立てさせ、書面にして上司と合意を結ぶ。買い物リストですら、買い方を変える有効な方法だ。何を買うべきかを忘れないというだけでなく、衝動買いを防ぐという効果も期待できる。オンラインショッピングのときと同様で、自分の未来の行動をあらかじめ約束することになるからだ。(3・14)コミットメントを決めたら、まず真っ先に書き出すことだ。

書き出すことでコミットメント達成の可能性が高まるのであれば、それをまわりに宣言すればその可能性はより一層高まる。つまり、書き出したコミットメントは自分のなかだけに秘めておくべきではないのだ。実際、ドイチとジェラードによる実験において、書き出したコミットメントが効果を発揮したのは、それが公表される可能性がきわめて高かったからだ。

公約のメカニズムを理解するため、心理学教授トーマス・モリアーティによる身近なシナリオを用いた実験を見てみよう。(3-15) われわれがこのおもしろい実験に着目したきっかけは社会心理学者ロバート・チャルディーニによる研究だった。われわれ行動洞察チームの仕事は彼の古典的名著『影響力の正体』（岩田佳代子訳、SBクリエイティブ）にこれまで多くの示唆を与えられてきた。(3-16)

実験の舞台は、ある夏の日のニューヨーク州ジョーンズビーチ州立公園。いま、そこにいる自分をイメージし、自分なら次のようなシナリオにどう対処するか考えてみよう。

視線の端に人が現れ、あなたからわずか1・5メートルほどの砂浜にシートを広げ、携帯用ラジオで地元のラジオ番組をかなりの音量で流しはじめた。数分後、その人はタバコを吸おうとして、火を貸してくれないかとあなたに尋ねた後、立ち去り視界から消えた。しばらくすると、怪しい風貌の男が現れ、シートのところまで来ると、ラジオ（まだ大音量で流れている）を手に取って足早に立ち去った。

この状況であなたならどうするだろうか？　あなたが実験に参加した人の多くと同じであれば、何もしないということになる。泥棒がラジオを盗むのを見て見ぬふりをし、介入はしない。我が身に危険がおよぶかもしれないし、そもそもラジオの持ち主がだれなのかもわからないのだから、関わることはない――あなたはこんなふうに考えるだろう。

だが今度は、少しシナリオを変えて想像してみよう。この反社会的なラジオ愛好家は、タバコの火を求める代わりに、あなたのほうに来てこう言ってからビーチを立ち去ったとしよう。

「すみません、ちょっと遊歩道のほうに行ってくるので……荷物を見ていてもらえませんか？」

つまり、この人はあなたから直接、公約を引き出したわけだ。この状況で泥棒がラジオを盗みに来たら、あなたはどうするだろうか？　あなたがニューヨークの海水浴客と同じなら、赤の他人とはいえ、荷物の見張りを公に約束した後は、まったく異なる対応をするだろう。実験の結果、被験者の95％が介入した。つまり、泥棒に対峙しなかったのは20人に1人という少なさだったのだ。

あらかじめ紙に書き出すのと同様、コミットメントを公にすることも、それをやり遂げようという強いインセンティブを引き出すこととなり、単に自分の頭のなかだけで誓いを立てるよりもずっと効果的だ。コミットメントを書き出すのは、自分がとるべき行動に関する社会的圧力を内面化するプロセスであるのに対し、コミットメントを公にするのは、この内的な圧力を他者に見せるプロセスである。

重要なのは、他者から見て自分の行動に一貫性があるかということだ。[3・17] あなたは荷物を見ておくと約束した。その約束した相手から、あなたがどう対応したか訊かれたらどうだろう？　あなたは、まわりから見て一貫性のある行動をとらなければならないと思うのではないだろうか？

たとえば、陪審制度においても同様の現象が見られる。各陪審員が最初の意見を無記名投票ではなく挙手という、まわりから見える形で表明する場合には、評決不能という事態が起こりやすくなる［訳注：原則として評決には陪審員全員が一致しなければならないが、意見が一致しなかった場合、評決不能となり裁判のやり直しとなる］。陪審員は最初に意見を公にすると、それを後から変えるのを躊躇するようになるからだ。[3・18]

よく考えてみると、われわれはすでにこの方法をさまざまな場面、特に、人生でもっとも重要な意思決定の場面、すなわち結婚で取り入れていることに気づく。結婚の意志を単に当事者間で確認し合うのではなく、結婚式に人を招待して結婚の誓いに立ち会ってもらうのも、コミットメントを公にするひとつの例だ。現に、結婚式の招待客数と、そのカップルがその後離婚する可能性には逆相関があるというエビデンスもあるくらいだ。駆け落ちしたカップルの離婚率は、２００人以上を招待して結婚式を挙げたカップルの12倍以上にのぼる。[3・19] もちろんこれには、他にいくつもの要因が考えられる。本人たちだけで結婚したカップルは往々にして衝動的に意思決定しているから、というのもそのひとつだろう。これに対し、大勢の家族や友人の面前で結婚の誓いを立てると、「喜びのときも悲しみのときも」添い遂げようというモチベーションになるし、その支えとなるネットワークも得やすい、という研究報告もある。(3-20)

早速、自分のコミットメントをどのようにまわりに宣言するかを考えてみよう。会社の重要な決定事項についての最新情報をチームメンバーに毎週発信することを約束するとか、勤め先のウェブサイト上でアニュアルレポートの発行を公表する等、参考にしてほしい。

ポイントは、他のシンク・スモールのアプローチと同様、どのようにコミットメントを公にするかだ。自分の体力づくりのコミットメントをまわりに宣言したローリーのやり方を思い出してみよう。彼は自分の目標をただ単に同僚に宣言して終わり、とはしなかった。

もっとも、ただ単に目標達成の意思を宣言するやり方はときに逆効果となり、目標に向けてブレずに取り組む縛りとはなりにくい、とするエビデンスもある。われわれは自分の目標を人に話すことで、ちょっとした興奮を味わう――実際に意図したとおりにやり遂げるかどうかに関係なくだ。その目標が多少なりとも社会的に称賛されること（小説を書く、リサイクルを推進する等）である場合には特にそうだ。(3-21)

だが、宣言するだけからもう一歩踏み込むと新たな展開が見えてくる。だからこそローリーは自分がこれから取り組もうとしていることを宣言するだけに留めなかった。目標達成のためのステップを職場のホワイトボードに書き出す、というやり方で公表したのだ。これは優れたコミットメントデバイスのお手本のような事例だ。

また、シンク・スモールのアプローチにおいては、ここまで見てきたプランニングと目標設定のための活動をコミットメントとリンクさせることが非常に重要だということもおわかりいただけただろう。目標達成の意思をただ単に宣言するのと、そのための具体的なステップの実行をコミットするのとでは大違いだ。ここでもまた、ディテールが重要なカギを握っているのだ。

［ルール3］コミットメントレフリーを任命する

アメリカの人気コメディドラマシリーズ『ラリーのミッドライフ★クライシス』にこんなシーンがある。本人役として主演しているラリー・デヴィッドがある女友だちから、デザートを食べないように監視する「デザートレフリー」になってほしいと頼まれる場面だ。(3・22)

「何があっても」彼女が選んできたデザートを食べないように見張ってほしいという。ところが、食事も終わりに近づくと、彼女はデザートテーブルに向かい、大きなカットのケーキをひとつ選んできた。それに気づいたラリーは彼女が食べてしまわないようにケーキを取り上げた。

女友だち「ほんのひと口だけよ」
ラリー「ダメ、ダメ、ダメ。デザートは一切食べさせないでと君にはっきり言われたんだから」
女友だち「感謝してるわ、ラリー。でも、気が変わったの」

ラリー「だが、君に言われたんだ、『何があっても』とね」
女友だち「それはそうだけど、やっぱりやめたわ。協力してくれてありがとう。ケーキ食べようっと」
ラリー「いや、やめちゃいけないんだ。君は『何があっても』と言ったんだからね。これがまさにその『何』だよ。僕がこういうことには厳しいってわかってたはずだ。だから君は他のだれでもなく僕に頼んだんだろう？」
まわりの人たち「いいじゃないか、ラリー、食べさせてあげろよ」
ラリー「だが、彼女は言ったんだ、何があっても、とね」

このシリーズを観たことがある人なら、この後、ラリー・デヴィッドが介入して大混乱の展開となるのは容易に想像がつくだろう。やり方には多々問題があったものの、彼の行動は最新の行動科学の知見のなかに目標達成のカギがあることを図らずも示していた。

ひとつは、未来の自分が抵抗しがたい誘惑に直面するだろうという認識を女友だちが持っていたことだ。もうひとつは、だれかにコミットメントレフリーを頼み、コミットしたことがきちんと守られているかをモニターし、目標を達成できたかを判断してもらうと、コミットメントを達成しやすくなることだ。

コミットメントレフリーの重要性についてもっとも研究を深めた行動科学者は、ディーン・

カーランとイアン・エアーズだろう。ふたりはコミットメントの達成支援サイトStickK.comの立ち上げにも関わった。StickK.comは利用者によるコミットメント契約（目標達成のために自ら署名する拘束力のある契約）の実施を後押しするサイトで、われわれがここまで見てきた原理、すなわち「書き出して公にする」ことを実現したものだ。

カーランとエアーズはもっとも成功しやすいコミットメント契約のデータを長年かけて集めた結果、目標達成にはコミットメントレフリーを任命するのがきわめて効果的であることを示した。レフリーをつけた人は、つけていない人よりも目標達成率が70％も高かったのだ。(3-23)

しかしながら、レフリーの任命は非常に厄介な問題だとふたりは指摘する。それはラリーが身をもって経験したとおりだ。エアーズは最新の研究成果を行動洞察チームに提示しに来た際、レフリーの任命に関して重要な注意点をふたつ教えてくれた。

ひとつは、**レフリー役の人はフェアであるという絶対的な信頼がなければならない**ということ。まちがっても人の不幸を楽しんだり足を引っ張ろうとしたりする人を任命してはいけない。たとえば、あなたを挫折させようと、わざと目の前でティラミスをちらつかせるような人は、デザートレフリーとしては最悪だ。

もうひとつ重要な注意点として、**レフリーはコミットメントを守らせるためなら、事前に決めたペナルティ（または報酬）を課すことも辞さないという確信がなければならない**ということだ（この点については次の章で取り上げる）。

普通、コミットメントレフリーには、自分ととても親しい間柄の人（恋人等）を充てるのが最適だと考える。確かに、恋人に対して約束をするのは効果的だというエビデンスがある一方（3・24）、恋人は親しいがゆえに、あなたが約束を破っても大目に見てしまうため（「今日は大変な1日だったのだから仕方がないよ！」）、レフリー役には向かないという考え方もある。つまり、あなたの足を引っ張りかねず（「今夜はデートできるのに、どうしてジムに行っちゃうの？」）、結局、コミットメント契約を守らせてくれないリスクがあり得るのだ。

エアーズが「敵と心優しい友人」をレフリー役にしてはならないと助言したのはこのためで、この目的に関しては、ボーイフレンドやガールフレンドよりも、信頼できる同僚のほうが適任と言えそうだ。

ローリーは新しい運動習慣をコミットメントに決めたとき、妻よりもオウェインのほうが、いざとなったら躊躇なくペナルティを課すだろうと考えた。妻は、ローリーがそこまで頻繁にジムに行かなくても大目に見るだろう。特に、一緒に映画や食事に行きたいとなれば、そうなっても無理もないからだ。

いま思えば、ローリーとオウェインはコミットメントの条件設定においてひとつだけ大きなミスを犯した。定めてあったペナルティはオウェインにとって利益相反に当たるものだったのだ。ペナルティとしてアーセナルのシャツを着たローリーを見るのはオウェインにとってこの上なく愉快なこととなったはずだ。だが、幸いなことに、ローリーはその屈辱を味わわずに済んだ。

コミットメントレフリーの起用は、あらゆる場面で絶大な効果が期待できる。

本書の冒頭の事例で見たように、コミットメントデバイスはあなたの個人的な目標達成に有効なだけでなく、あなたが他の人の仕事上の目標達成を後押しする際にも役立つものだ。

われわれがジョブセンターで導入したプログラムにより、求職者たちは従来よりも早く職を得られるようになった。この新しいプログラムのポイントは、ストレッチ目標を設定し、それを細かいステップに分解し、そのひとつひとつの行動にコミットする、というものだ。ポールは、履歴書をしっかりと書き、求人に応募し、応募した職に備えて必要なツールを揃えることにコミットしていた。（プランニング活動の一環として）これらのステップをいつ実行するかも自分で明確にしていた。そして、これらすべてを、コミットメントレフリー役を務めるジョブアドバイザーのメリッサ立ち会いのもとで実行した。

メリッサにとっても、ポールに給付金請求の手続きをやったかとせっつくのと、ふたりで一緒にコミットした目標のレフリー役となるのとでは雲泥の差だ。ポールはその週、「5つの求職サイトに登録し、メリッサとの次のミーティングまでに、最新の履歴書と添え状を準備する」

というコミットメント契約に署名したが、これらのコミットメントを決めたのは他でもないポール自身だ。したがって、達成できなければポールは気落ちするだろうし、メリッサもまたポールにそれらを守らせるべき立場にあったわけだ。

だがここで注目してほしいのは、メリッサの役割はどこでポールが挫折したかを問いただすことではないということだ。メリッサは、ケーキを我慢しようとしている人の前でティラミスをちらつかせるのと同じようなことはしなかった。**彼女の役割はポールをサポートすること、そして、一歩引いたところから、ポールが目標を達成できたかを判断することなのだ。**

ここまでわれわれは、コミットメントレフリーに目標設定の段階から関わってもらい、その後の進捗もモニターしてもらうことを想定してきたが、今後数年のうちに新たなテクノロジーが導入され、便利な目標達成管理のサービスが提供されるかもしれない。スマホやウェアラブルデバイスや各種アプリの開発が進めば、運動、支出、睡眠、体重等の状況把握が可能になるだろう。これらの新デバイスと、信頼できるコミットメントレフリーのサポートとを組み合わせれば、効果はさらに高まるにちがいない。

現に、この種の相乗効果（スマートテクノロジーとコミットメントレフリーの任命のコンビネーション）の実例も出てきている[3・25]。そのひとつに、患者に確実に薬を服用してもらうために開発されたGlowCapsというサービスがある。これは、一般的な処方薬のボトルに取りつけるワイヤレス対応のキャップで、光と着信音で薬の服用時間を知らせるデバイスだ。薬のボトルが開けられるとその情報が記録されるというもので、指定された服用時間から1～2時間以内にボトルが開かなかった場合は患者にリマインドの連絡が行くという仕組みだ。

併せて、患者はコミットメントレフリーを任命することも推奨されている（家族、友人、介護士、医師等）。レフリー役の人には毎週メールで患者の服薬アドヒアランス【訳注：患者がどの程度処方どおりに服薬しているかということ】報告が送られ、処方に沿った服薬をサポートすることが期待されている。

コミットメントレフリーはさまざまな形態をとり得るが、レフリーにあなたの目標達成を確実にサポートしてもらうにはいくつかの原則に留意する必要がある。特に、レフリー役にふさわしい人（フェアで、あらかじめ設定したペナルティや報酬をきちんと課すことができる人）を指名することがきわめて重要だ。また、これに先立つステップ、特に、コミットメントを書き出してまわりの人たちに向けて目標を明確にし、目標のための行動をとりやすくするという点も忘れてはならない。

これらの小さなステップの積み重ねによってモチベーションが維持され、コミットメントレフリーもあなたが挫折しないようサポートしやすくなるものと思われる。

コミットメントデバイスが効果的なのは、現在の自分には未来の自分とは異なる選好があると考えられるからだ。この不一致を理解しなければ、何かにコミットするのは難しいだろう。

幸いにも、われわれ人間は自分の弱さを熟知している。だからこそ自分の未来の行動を縛る選択、たとえば貯蓄目標に到達するまで引き出せない口座を開設するといったことを、あえて行おうと考える。つまり、**セルフコントロールの難しさを認識しているからこそ、コミットメントデバイスを活用しようと考えるわけだ。**


コミットメントというものは、一旦決まると、別のロジックでまわりはじめる。つまり、コミットメントが決まると、その内容に即した行動をとらなければならないというプレッシャーを生み、そのことがコミットメントをさらに強くすることになるのだ。

コミットメントを書き出し公にすることによって、その内容に即した行動をとるよう自分にプレッシャーをかけるだけでなく、他者との関係でも同様のプレッシャーを感じることになる。さらに、このプレッシャーは、コミットメントレフリーをつけることで一段と強化される。そのレフリー役は、あなたの足を引っ張ったり、一緒に言い訳を探してくれたりする人ではなく、挫折しないよう適切なサポートをしてくれる人でなければならない。

また、その人は、あなたが設定した報酬にふさわしいかどうかを判断できる人でなければならない。これについては、次の章で詳しく解説しよう。

第4章

報酬

インセンティブが重要だということはだれもが知っている。一般的な経済学の教科書では、何かをする際のコストや利得が変化すれば、行動も大きく変化し得ると説明されている。新進気鋭の心理学者なら、ラットを使ったさまざまな室内実験を用いてこのことを説明しようとするだろうし、会社のマネージャーや親、さらには犬の飼い主も、報酬をどのように使って自分の配下のチームや子どもや犬に良い行動をとらせようとしてきたかを話してくれることだろう。

これらはロジカルにも説明できる。報酬は脳内の特別な経路を活性化させ、われわれを良い気分にさせるだけでなく、より多くの報酬を得たいと思わせる効果がある。

だが、報酬をどのように自分の目標達成やまわりの人たちの動機づけに利用するか、という詳しい方法論については、シンク・スモールのフレームワークの他の項目ほどは明確になっていない。ある状況ではうまくいっても、他の状況ではうまくいくとは限らないからだ。

たとえば、親たちは子どもの成長に合わせて報酬を変えてきた。幼児のトイレトレーニングではスマイルシールや金色の星形シールを与えたり、宿題をさせるためにアイスをあげたりテレビの時間を長くしてあげたりしたことだろう。だが、もう少し大きい子どもがいる親は、子どもの成長につれ、そう単純な話ではなくなってくることを実感する。中学〜高校生の子どもに、大事な試験に備えてもっと勉強するよう促したいときにはどんな報酬が効果的なのか、悩んだことがあるのではないか？　あるいは、勉強は子どもたちが本来やるべきことなのに、報酬（または賄賂！）を与えてまでやらせるべきなのかと悩んだこともあったかもしれない。

そうした悩みを持つのは親だけではない。教師、校長、研究者、政策立案者等々も、どのような働きかけをすれば子どもたちの学業成績が上がるかという問題に頭を悩ませてきた。

このような背景から、ブリストル大学の経済学部教授サイモン・バージェスらによる研究は大きな注目を集めた。バージェスとその研究チームは、イギリス中の学校で数多くの実験を行なってきたが、[4-1] なかでも最大規模の実験のひとつに、生徒たちに報酬を与えるとやる気と努力が向上し、最終的に成績も向上するかを調べたものがある。この実験には63校に在籍するＧＣＳＥ試験の最終年の生徒約1万人が参加した。研究チームは参加校を3つのグループに分けた。

第一のグループは対照群で、いっさい報酬は与えられていなかった。

第二のグループには金銭的報酬が与えられた。1回5週間の期間を4回、出席率、態度、授業への参加度、宿題のそれぞれの達成度に応じて報酬が与えられることになっていた。与えられる額は4つの対象期間ごとに最大80ポンドの総額320ポンドで、15〜16歳の生徒たちにはかなり魅力的な額だった。

第三のグループには違った種類の報酬が与えられた。生徒代表が選んだイベントへの参加機会が得られる、という報酬内容だった。各対象期間中にチケットを勝ち取ると、年間2回までイベントに参加できるというもので、金銭的報酬よりもはるかに低コストだった。対象のイベントには、ウェンブリー・スタジアム（サッカーのイングランド代表チームの本拠地）、国会議事堂、テーマパークへの訪問等があった。

結果を明らかにする前に、この16歳の生徒たちの教師や親の視点に立ってみよう。このようなインセンティブプログラムを導入する学校をサポートするか、あるいは、同じような仕組みを家庭で導入して子どものやる気を引き出そうとするか、考えてみてほしい。

実験の結果は、インセンティブプログラムの細かいディテールがきわめて重要であることを示した。**インセンティブのインパクトは生徒の状況によって異なることがわかった。**

もとから成績がいい生徒には、報酬はほとんどインパクトをもたらさなかった。こういう生徒はすでに十分やる気があるため、追加的なインセンティブは不要だったことになる。だが、生徒の約半数には、金銭的報酬も非金銭的報酬も共にきわめて大きな影響を与えた（より高くつく現金報酬の影響のほうがわずかに上回った）。

影響の度合がとりわけ大きかったのは、低所得家庭の生徒たちだった。数学と理科のGCSEの試験結果では、給食費免除が認められている生徒とそれ以外の生徒の間で予想されていた点数の差の約半分がこれらのインセンティブにより解消され、成績が悪い生徒たちの成績を上げるのに非常に効果的であったことがわかった。

この研究は、重要な試験を控えた教師や親や中高生の内面を探る興味深い試みと思ったかもしれない。だが、報酬を使って何らかの行動の動機づけを行うには、いくつか重要な注意点があることをこの実験結果は示唆している。

その筆頭に挙げられるのが、金銭的報酬によって本来のモチベーションが「押し出されて」しまう、という懸念だ。もともとやる気があったことを、お金を払ってやってもらうのはかえって逆効果となる可能性があるのだ。このことを明らかにした研究は多く、本章でもそのうちのいくつかを取り上げている。

他方で、金銭的インセンティブには効果がないわけではない。いや、それどころか、適切に用いれば、受ける側にとって十分に意味のあるインセンティブとなり得る。このことはバージェスの研究結果が端的に示しているとおりだ。インセンティブを与えても学校の勉強を頑張ろうとしない生徒でも、まったく異なる状況では80ポンドの報酬が効果をもたらす可能性もある。つまり、インセンティブをどう設計するかという問題でもあるわけだ。

報酬を与えるべきなのは最終的な目標（ここでは成績アップ）に対してなのか、それとも、そこに至るまでの行動（出席率、授業態度、宿題）に対してなのか？　報酬は金銭的、非金銭的、いずれとすべきか？　さらに、金銭的インセンティブを用いる場合、報酬として80ポンドを「新たに与える」形とするのか、目標を達成できなかったら80ポンドが取り上げられる形とするのかも検討する必要があるだろう。このふたつは報酬の内容としてはまったく同じだが、効果は大きく異なってくる。

したがって、**報酬メカニズムをどのように設計するかが非常に重要となり、それ次第で目標達成を促す効果が大きく左右される。**ここでも細かいディテールが大きな意味を持ってくる。報酬の与え方には、最終的な目標達成に対して与える報酬と、目標達成のための行動に対して与える報酬のふたつがあり、両者は互いに補完し合うものであることをまず説明しよう。加えて、報酬を利用するときに陥りがちな落とし穴についても解説する。それでは、目標達成を促す報酬とはどのように設定すべきなのだろう？　ルールは次の3つだ。

【ルール1】重要なものを報酬にする……最終的な目標達成と重要な報酬をリンクさせ、拘束力を持たせる。

【ルール2】小さな報酬で良い習慣をつける……大きな目標を達成するためのステップと小さなインセンティブをリンクさせ、自分やまわりの人のモチベーションを高める。

【ルール3】逆効果に注意する……金銭的インセンティブによって本来のモチベーションが「押し出されて」しまうリスクがあるため、報酬（やペナルティ）のせいで本来の善意が損なわれないように気をつけよう。さまざまな非金銭的報酬に代えることでこのリスクを回避することができる。

［ルール1］重要なものを報酬にする

イエール大学経済学部教授のディーン・カーランはわれわれがもっともリスペクトする行動科学者のひとりだ。その理由は、彼の研究が人間行動に関する深い洞察に富んでいることと、それをいかに実社会の目標達成に応用できるかを解き明かしてくれているからである。

彼の研究のなかでも特に興味深いもののひとつに、同じく行動科学者であるジョナサン・ジンマンとシャビエル・ジネとの共同研究で、金銭的インセンティブが個人の目標達成にどのように役立つか、また、その効果を高めるにはどのような条件が考えられるかについて論じたものがある。(4-2) これは、フィリピンのグリーン・バンクとの共同研究で、喫煙者に何かと引き換えに禁煙させることの効果を調べたものだ。

研究チームは禁煙したい喫煙者の集団を特定した後、そこからランダムに抽出された人たちに、禁煙に失敗したら預金が没収される銀行口座の開設を提案した。このプログラムは「減煙・禁煙のためのコミットメント行動」（ＣＡＲＥＳ）と呼ばれた。

本プログラムの参加者は、自分のお金をどのくらい賭けるかを決めるわけだが、いつもならタバコの購入に充てていた金額をこの銀行口座に入れることが推奨されていた。参加者の平均では、２週間おきに預金をし、半年間の契約期間終了時には５５０ペソ（約11ドル）が貯まっていた。この金額は参加者たちの月収の約20％に相当するもので、決して小さい額ではなかった。

もうひとつ、この口座には重要な特徴があった——このＣＡＲＥＳ口座を開設した喫煙者たちは、本プログラムに参加するかどうかは自由だったが、一旦参加を決めたら、拘束力のある契約書への署名を求められ、途中で抜けられないことになっていた。グリーン・バンクの検査助手たちは、預金プログラムの途中でこっそり喫煙している人がいないかを尿検査でチェックした。一度も尿検査にひっかからなかった場合のみ合格とみなされ、不合格となった場合にはＣＡＲＥＳ口座に貯めたお金は慈善団体に寄付されることになっていた。

つまり、タバコ１本で半年間苦労して貯めたお金が水の泡ということだ。だが、合格して見事禁煙に成功したら臨時収入が得られるし、すでに半年という長い間禁煙を続けてこられたため、そのお金でタバコを買いたいとは思わなくなっているというわけだ。

このような報酬プログラムによって中毒性のあるニコチンですら断つことができるなら、他の目標達成にも適用できるにちがいない。

実際、このプログラムはきわめて効果的だった。CARES口座を開設したプログラム参加者は、口座を開設しなかった参加者よりもニコチン検査の合格率が30％以上も高かった。しかも、その効果は長く持続した。プログラムの1年後、カーラン、ジンマン、ジネの3人が当時の参加者たちに抜き打ちテストをしたところ、CARES口座を持っていた人たちは持っていなかった人たちよりも禁煙が続いているケースが多かったこともわかった。(4-3)

それならばと、自分の目標達成のために安易に豪華な報酬システムを取り入れようとしてはならない。ここでも細かいディテールが重要であることを思い出してほしい。効果的な報酬システムを設定するのに押さえておきたいポイントは4つだ。幸い、どれもそう難しいものではない。

ひとつ目は、**設定する報酬と目指す目標を直結させる**ことだ。つまり、最終目標が達成されたときにのみ報酬が得られるという形にするのだ。これをもっとも手っ取り早く実行するには、報酬を、前章で決めたコミットメント（何をいつ達成するかを明確にしたコミットメント）とリンクさせることだ。減量したいのなら、目標体重に到達したときにのみ報酬が得られるようにするのがポイントで、目標まであともう一歩、というときには報酬はなしにすることだ（GCSEの報酬の実験にあったような小さな報酬システムを継続的に目標達成のプロセスに組み込む方法については、次のセクションで取り上げる)。

ポイントのふたつ目は、**報酬を意味のあるものにする**ことだ。つまらない物を重要な目標の報酬にすべきではない。インセンティブが人の行動に与える影響を研究してきた行動科学者たちは、「報酬は十分与えるか、まったく与えないかだ」[4-4]と主張する。実際、カーランも、減量を目標に設定したとき、このことを実感したようだ。

博士論文を終えた後、カーランは友人と、互いに減量目標を達成できなければ、相手に年収の半分を渡すことを決めた。金額を大きくしたのは、彼が無謀なギャンブラーだったからではなく、アイスを食べようと冷凍庫を開けたい衝動に駆られたとき、そのほうが自制できると考えたからだ。もちろん、この種のインセンティブに年収の半分を賭ける必要などないし、それが適切だとも思えないが、金銭的報酬を用いるのであれば、状況に応じてそれなりに意味のある額でなければ効果がないのは確かだ。

その一方で、報酬は必ずしも金銭的なものである必要はないということも念押ししておきたい。金銭的なインセンティブがなぜ、どのように逆効果を生む恐れがあるか、また、どんなものが現金に代わる報酬となり得るかについては、本章の最終セクションで詳しく議論することとし、ここではとりあえず、自分で設定した報酬にさほど魅力を感じないのであれば、それ自体大きなモチベーションとはなりにくいということだけ知っておこう。

効果的な報酬とするための3つ目のポイントは、**拘束力を持たせる**ことだ。これは、目標を達成したら報酬が得られるということが担保されていなければならないということであり、カーラン自身、自分の減量に関する報酬システムをつくった際に実感したことだった。

彼は友人と、年収の半分などという高いハードルを設定してしまっただけに、減量が進んでいないとわかった時点で報酬のルールを書き換えてしまうこともできた。だが、これをインセンティブとして有効なものにするためには拘束力を持たせなければならないことはお互いわかっていた。そこで、どちらか一方が契約条件の再交渉を持ちかけた時点でこの契約は即破棄される旨を盛り込んだ契約書を作成した。つまり、両者ともに支払いを覚悟しなければならず、契約を取り消すこともできないということだ。カーランは自分の報酬システムのこの点を特に重視し、結果的にふたりとも減量を達成した。

フィリピンでの禁煙口座の事例では、契約に拘束力があることを疑う者はいなかった。お金は銀行に預けられており、参加者はみな、尿検査をクリアしなければお金は没収されてしまうと知っていた。学校の試験での報酬システムの事例でも、参加者には、この制度が導入されれば学校は支払うだろうという信用があった。

報酬に拘束力を持たせるもっとも簡単で確実な方法は、コミットメントレフリーの協力を仰ぐことだ。「コミットメント」の章で取り上げたように、ローリーは運動という目標のためにオウェインにコミットメントレフリー役を頼んだ。オウェインの主な役割は、ローリーに報酬の条件を決めさせ（もっとも、このケースでは、運動の目標を達成できなければアーセナルのシャツを着るというペナルティを決めることだった)、ローリーが途中で挫折したら、ペナルティを課すべきかを判断することであった。

このように、コミットメントレフリーには、報酬の内容を一緒に決めてもらい、コミットメントが守れているかを見きわめ、最終的に報酬に値するかを判断してもらうとよいだろう。

ポイントの4つ目は**「損失回避」**と呼ばれる特性で、**人は何かを新たに得るよりも同等の何かを失うことのほうにより大きな抵抗感を示す、**というものだ。(4・5) これこそ、行動科学の分野におけるもっとも優れた研究成果のひとつといえよう。この特性は自分でも簡単にテストできる。

道を歩いていると、地面に20ポンドの新札が落ちていたとしよう。本来の持ち主に返すすべもないため、ポケットに入れる。思いがけず小金を手にしてすっかり上機嫌だ。では今度は、出先でちょっと買い物をしようと店に入ったとしよう。財布を取り出してみると、20ポンド札がない。さっきまで入っていたはずなのに、いつの間にかなくなっている。同じ20ポンドだが、このときの喪失感と、先述の例で20ドルを拾ったときの高揚感とを比較するとどうだろうか? 喪失感のほうがずっと大きいと答える人が大半だろう。

損失により感じる打撃は同等の利益の2倍であり、人は、すでに持っているもののほうにより大きな価値を置く特性があることがこれまでの多くの研究から明らかになっている(行動科学ではこれを**「保有効果」**と呼ぶ)(4・6)。そのため、報酬システムをつくる際には、この保有効果が最大限に発揮されるよう損失回避をうまく利用するのが得策だ。

GCSE試験の実験においても、現金やチケットをあらかじめ生徒の口座に配分していたのは、必要な学習努力を怠ればそれらを失うことになるという、損失回避効果を狙ったものだ。同様に、禁煙口座の実験においても、預けておいた自分のお金は、禁煙に失敗したら失われることになっていた。参加者にとってはこの仕組みのほうが、半年間のプログラム終了時に臨時収入としてもらう形よりも強いモチベーションとなる。このように、報酬を決める際には、挫折したら何かを失うやり方を検討してみるとよいだろう。

このように、報酬は目標達成の強力なツールとなり得るとともに、インセンティブをどのように設定するかが非常に重要であり、正しく設定するには注意が必要だということもおわかりいただけたのではないだろうか。この4つのポイント――報酬の内容と最終目標をリンクさせる、意味のある報酬内容とする、拘束力を持たせる、損失回避の特性を利用する――に留意してインセンティブを決めれば、目標は早期に達成されるにちがいない。

このセクションでは、達成すべき最終目標について議論した。次のセクションでは、最終目標につながるさまざまな行動を「チャンク」化し、それぞれのチャンクに対して小さな報酬を与える方法を見ていくことにしよう。

【ルール2】小さな報酬で良い習慣をつける

オーストラリアのビクトリア州にあるティンブーンは、メルボルンからそう離れていない小さな街だ。ここではある問題が浮上していた——住民の体重増加が深刻化しており、みな以前より活動的でなくなってきているというのだ。この現象は、オーストラリアの他の都市や欧米諸国でも同様に問題となっていた。

これを受け、行動洞察チームでは、ビクトリア州健康増進財団ヴィクヘルスの協力のもと、同州における肥満率抑制の手立てを検討することとなった。われわれは早速、ティンブーン地域健康管理サービスとタイアップし、対象地域における運動量の増進について検討を始めた。世の経営層の間で、運動がスタッフのウェルビーイング向上に資するとの考えが広まりつつあったご時世でもあり、健康増進を理念に掲げる同社の提案で、まずは同社のスタッフをモデルに施策を実施することになった。

同社ではすでに、職場での健康増進への取り組みが積極的に行われていた。スタッフにはフィットビットのデバイスが配布され、1日1万歩歩くことが推奨されていた。みなそれなりに取り組んではいたものの、収集されたデータによれば、1日あたりの歩数や消費カロリーは減少しつつあった。

そこで、行動洞察チームオーストラリアオフィス所属のベテランスタッフ、アレックス・ギアニは、ティンブーン健康増進オフィサーのタニア・リーシュマンと共同で、人びとの行動に持続的な変化をもたらすプロジェクトに着手した。スタッフに長期の目標を達成させるには大きな報酬を与えるのが有効だが、生活習慣をつくるには、もっと小さな報酬を頻繁に与える仕組みが効果的ではないかと考えた。

ふたりは早速このアイデアを実行に移した。まずは、スタッフのモチベーションを一気に高められる魅力的な報酬を用意したいと考えた。かといって、同社が負担できないものでは困る。結局、本プログラムの趣旨から逸脱せず、それでいて、ちょっと贅沢感のある特典とすることで決着した。1週間のうち5日間、チーム全員の1日あたりの歩数が（過去平均より）2500歩以上増えたら、50ドルのマッサージ券がもらえるという報酬内容にしたのだ。

これは、1日1万歩という、すでに一部の人たちがクリアしている最終目標に対して報酬が与えられるのではなく、各個人に毎日ちょっとずつ歩数を増やすよう促すことができる仕組みだった。各個人の日々の行動の積み重ねが評価されるものとなっており、スタッフが自然と互いに励まし合うようになったことも、大きなメリットであった。

アレックスとタニアは、このプログラムの導入によりどのようなデータがあがってくるかを待った。結果は大成功で、参加者はみな、毎週2100歩以上も歩数が増え、週の間の消費カロリーも著しく増加した。

とりわけ注目すべきなのは、このプログラムをもっとも必要としていた人たちに最大の効果が表れたことだ。普段体をあまり動かしていない人たちに、週ベースで最大の歩数増加が見られたのだ。

前のセクションでは、挫折せずに目標へのチャレンジを続けるには報酬が大きな役割を果たすことを見てきた。こういう場合の報酬はそれなりに大きくないと、長期間にわたってモチベーションを維持できない。

だが、ティンブーンで導入された報酬の仕組みはこれとは異なる原理のものだ。シンク・スモールのアプローチにおいても、これをもうひとつのコアコンセプトとして掲げている。それは、**最終的な目標をいくつかの小さな「チャンク」に分解したときに、このチャンクごとに小さな報酬をリンクさせる**というものだ。

もっとも、その個々のチャンクは最終目標の達成につながっていなければならない。報酬の対象となるチャンク、あるいは個々の行動は、少しずつステップアップさせていくことが可能だ（これは「シェイピング」、または、行動形成と呼ばれる）。

たとえば、子どもに部屋を片づけさせたいとき、まずはおもちゃをひとつ片づけたらご褒美を与え、次は5つ片づけたらご褒美、というふうに、少しずつハードルを上げていく方法だ。この報酬システムでは、ひとつひとつの報酬は大きな利益というわけではなく、小さな「よくできました」程度のものなのだが、日々のルーティンとリンクさせて行動を習慣づけやすいという点で非常に優れている（第2章「プランニング」参照）。

この報酬の仕組みは、しなければならないことがあるのになかなか取りかかれない、というようなときにもっとも効果を発揮する。このちょっとした報酬が、その行動への動機づけとなるからで、何かインセンティブがないとなかなか行動を起こせないという人にはうってつけの仕組みだろう。

この小さな報酬を定期的に与える方法は、子どもにもっと野菜や果物を食べさせるという、行動変容の分野でも特に厄介なテーマに関連して研究が進んだ。親はみな、これがそう簡単なことではないと経験上知っている。そこで研究者たちは、子どもたちにもっと健康的な食事をとらせるには何がモチベーションになるかを探りはじめた。

ある研究グループは、ユタ州の小学校40校に通う子どもたちに健康的な食事をとらせる方法を開発するという、この種の研究では最大規模の実験に挑んだ。小学生たちは小さな報酬を与えられることによって、野菜や果物をもっと食べるようになるかが実験のポイントだった。とはいえ、一度や二度食べればよいという話ではなく、長期にわたる習慣として野菜や果物を好んで食べるようにさせなければならない。

実験のコンセプトはきわめてシンプルだ。生徒が野菜や果物をひと皿分以上食べたら、特別な商品券という形の小さな報酬がもらえるというものだ。この商品券は実際に価値のあるものだが（25セント）、校内の店や学園祭やブックフェアでしか使えないようになっていた。健康的な食生活を実現するための報酬がケーキやチョコレートに使われたら元も子もないからだ。研究グループは生徒たちを、報酬が与えられる期間が3週間のグループと5週間のグループのふたつに分けてプログラムを実施した。(4・7)

実験が開始されるまで、果たしてこの小さな報酬システムが機能するのか、まったく予測がつかなかった。ピザやフライドポテトがあるのに、ブロッコリーやグリーンピースを子どもたちに食べさせるのは至難の業だ。ところが、実験の結果、この報酬システムは驚くほど効果的だということがわかった。毎日野菜や果物を一皿分以上食べた生徒の数は倍増したのだ。

だが、これが実験の真の狙いではなかったところがミソだ。この実験は、インセンティブが取り除かれた後に何が起きるかを見きわめるのが狙いだったのだ。

いつも決まった合図（列に並んで何を食べるかを訊かれる）への反応で同じ行動（おかずと一緒に野菜や果物も頼む）を繰りかえすと、それが習慣となり、やがて目標の達成につながっていくことを「プランニング」の章で議論した。

研究チームが期間の異なるふたつのグループに分けてプログラムを実施したのは、報酬を与えられる期間が長い（5週間）と、短い場合（3週間）より食習慣が維持されやすいかを検証するためだった。2カ月後に学校を再訪した研究チームは、短期、長期いずれのプログラム期間の生徒にも、高い効果が持続していることを確認した。だが、5週間のプログラムのほうが効果は大きかった。より長く報酬を与えられた生徒の野菜や果物の消費量は、短い期間のプログラムの生徒の2倍にのぼった。5週間という長い期間にわたってこの報酬の仕組みが繰りかえされたことで、習慣がより深く定着したと考えられる。このことから、**報酬を長い期間にわたって与えると、報酬が与えられなくなってからもその行動をとりつづける傾向が強まることが確認された。**

学校での食事プログラムの報酬は、生徒たちが十分な量の野菜や果物を食べた都度与えられるようになっていた。一般に、小さな報酬のプログラムは競争の要素を伴う場合が多い。われわれがティンブーンで実施した事例でもその傾向があった。実際、特定の集団が長期間にわたって報酬を受け取れる仕組みには、何らかの形で競争の原理が働きやすい。

このように、報酬と競争を用いて目標を「ゲーム化」する手法は、アプリの開発者だけでなく、世界中の政策立案者や企業の間でも真面目に検討されている。掲げている目標が仕事関連であれプライベートなものであれ、目標をゲーム化するアプローチには大きなポテンシャルがあると考えられる。

一例として、ユタ州の学校で行われた実験のコンセプトを、競争と「ゲーム化」により重点を置いてイギリスの学校で実験した事例を見てみよう。

この実験では、昼食時に野菜や果物を選んだ生徒は、商品券の代わりにシールをもらえた。週の終わりにシールが4枚以上たまると、専用ボックスからちょっとしたご褒美（おもちゃ等）を選ぶことができるというものだ。結果は、ユタ州の例と同様、このような小さな報酬でも生徒たちは以前よりも野菜や果物を食べるようになった。だが、ここに競争の要素、すなわち、生徒を4人ずつのグループに分け、シールの枚数が一番多かった生徒しかご褒美をもらえない仕組みを導入すると、野菜や果物の消費は3倍になった。(4・8)

自分の目標を設定したり、人のやる気を引き出す報酬プログラムを設計したりするときには、個々の「チャンク」の達成を報酬とリンクさせ、個人やチーム間で互いに競わせることによって目標自体をゲーム化するとよいだろう。こういう小さな報酬が良い習慣づけにつながっていくのである。

本章のここまでのふたつのセクションでは、報酬を使っていかに自分たちのモチベーションを上げるかを詳しく述べてきた。

だが、報酬は適切に設定しないと逆効果となる可能性もあり、その使い方はなかなかに難しい。次のセクションでは、この点をじっくりと掘り下げてみよう。

【ルール3】逆効果に注意する

1990年代初頭、スイス政府はふたつの核廃棄物貯蔵施設の建設計画を進めていた。スイス中央部に位置するふたつの地域が建設候補地に挙げられていた。同国では、地元の重要な問題は住民投票で問うことが多いが、当然この問題には国民が強い関心を示していた。

研究者のブルーノ・フライとフェリックス・オーバーフォルツァー・ジーはこの一件からある興味深い研究プロジェクトの着想を得た。ふたりは、候補地の3分の2の世帯を対象に、自分の住む地域に核廃棄物貯蔵施設の建設を認めるかを訊いた。実験当初の大方の予想に反し、回答者の半数以上が認めると答えた。その多くが、施設建設には負の影響があり得ることを深く懸念していたにもかかわらず、である。

実際、自分の家の近くでは決して起きてほしくないような重大な事故のリスクがあると考えていた人は、回答者の40%近くにのぼっていた。(4・9) とはいえ、施設はどこかにつくられなければならないことも住民たちは理解しており、事故のリスクは懸念しつつも、スイス国民としての義務も果たさなければならないと感じていたのだろう。

そこで、フライとオーバーフォルツァー・ジーは質問を変えてみた。施設建設の受け入れに金銭的補償が与えられた場合、どのくらいの住民が賛意を示すかを調査したのだ。補償額は、ひとりあたり年間2175～6525ドルと幅を持たせた。この金銭的補償が彼らの国民としての義務感に加われば、受け入れに賛成する理由としては十分に思われた。もともと動機（賛成の意思）があったところに、お金ももらえるというのだから当然だろう。

ところがだ。当初回答者の半数以上が金銭的インセンティブなしで賛意を示していたところに、金銭的補償が提示されるや、賛成派の数が急落したのだ。一転、施設受け入れ賛成派は、回答者の4分の1まで減少してしまった。さらに興味深いことに、補償額は2000ドルだろうが6000ドルを超えようが、住民の意見に何ら影響を及ぼさなかったのだ。

いったいどういうことなのだろう？　金銭の提示は、住民たちの内発的な動機を補強するどころか、彼らの道徳的義務を金銭的取引に一変させてしまった。さらに、懸念されるリスクを補償するには、6000ドルという提示額でもまだ足りなかったのだ。

このような調査結果に古典派経済学者たちは困惑した。彼らの考えでは、追加的に金銭を受け取れるということは、各人の利益が増大することに他ならず、結果、賛意を示す人は増えるはずだからだ。だが、行動科学者たちはこの結果に驚かなかった。類似の実例がすでに多数報告されているからで、ここでも重要なのは個々の実例の文脈とディテールだったのだ。

たとえば、リチャード・ティトマスの有名な研究によれば、献血に対してお金を払うのは、献血しようという気持ちに負の影響を及ぼすという。もっとも、ボブ・スローニムによる最近の実験では、重要なのは報酬システムの設計の仕方であり、うまく設計すれば献血率は上がるという研究報告もある。(4・10) つまり、**もともと自分のなかに目標達成のモチベーションがあるときに金銭的報酬が加わると、うまくいかない場合があり、慎重に仕組みをつくらないとせっかくの努力も水の泡になりかねない**ということだ。

いかに金銭的インセンティブが逆効果を生みやすいかを示す実験は数多いが、なかでも、行動経済学者ウリ・ニーズィーがイスラエルで実施した実験は特に有名だ。

イスラエルでは毎年「寄付の日」が定められており、特定の団体が慈善目的（ガンの研究や恵まれない子どもたちの支援等）で国民から寄付を募る。高校生がふたりずつのペアで戸別訪問をして寄付を募るというのが古くからの慣習なのだが、ニーズィーは、慈善活動に対する彼らの内発的な動機づけに金銭的インセンティブが加わると、彼らはより多くの募金を集めようとするか、という点に注目した。

彼は、高校生たちを3つのグループに分けて実験を行なった。第一のグループは、自分たちがこれから参加する慈善活動の意義について講義を受けた。それだけでなく、集まった募金額は公表され、どのペアがいくら集めたかが広く知れ渡ることになる、とも伝えられた。第二のグループも同じ講義を受けたが、こちらには自分たちが集めた金額の1％をもらえる、という小さなインセンティブが付与された。第三のグループは同じインセンティブが10％で付与された。

さて、どのような実験結果が得られただろうか？　募金額がもっとも大きかったのは金銭的インセンティブがない第一のグループで、これに僅差で続いたのが10％のインセンティブの第三のグループだった。これに対し、講義を受けたうえで1％という小さなインセンティブを与えられた第二のグループの募金額は36％も少なかった。

慈善目的での募金活動は本来、内発的な動機づけに基づくものだが、これが、小さな金銭的報酬という外発的なインセンティブに置き換えられてしまい、慈善的な振る舞いをしているときほどの強いモチベーションとはならなかったのだ。

スイスの事例と同様、金銭的インセンティブは人びとのモチベーションを高めるどころか、やる気を削いでしまった。高校生たちの内発的な動機づけを消失させてしまったのだ。

こう説明すると、多くの批評家は金銭的インセンティブには効果がないという誤った解釈をする。この問題をテーマにした優れた研究が誤って言及されることが多いのも、こうした短絡的な見方があるためだろう。

代表的な研究のひとつに、前述のウリ・ニーズィーが同じく行動経済学者のアルド・ルスティチーニと行なったものがある。親が保育所に子どもを迎えに行くのが遅れたとき、罰金が科されるようになったらどうなるかを調査したものだったが、実験の結果、お迎えに遅れる親の数が倍増するという、明らかな逆効果を示して有名になった研究だ。

倍増したのは、スイスの住民が核廃棄物貯蔵施設の受け入れと引き換えに金銭をもらうことに抵抗感を示したのと同じ理由だ。(4-11) ここでは、ただでさえハードな仕事の保育士たちの負担にならないよう、時間どおりに迎えに行こうとする道徳的義務感が、金銭的取引にすり替わってしまった。その途端、遅れてもよいと考えるようになる――道徳的義務感が罰金に取って代わられてしまったわけだ。

だが、ニーズィーとルスティチーニの狙いは、単に罰金に効果がないことを検証することではなかった。彼らは、金銭的報酬やペナルティを用いるのであれば、どのくらいの金額に設定すべきか、また、「正しいことをする」ことに対する内発的動機づけがすでにある場合には、慎重に考えなければならない、ということを示したかったのだ。本章の最初のセクションで、報酬は重要なものにすべきと強調したのはこのためだ。

したがって、金銭的インセンティブを用いるのであれば、それなりにインパクトのある額にしよう。もっとも、高すぎると費用対効果が悪くなってしまうばかりか、不正や不誠実を助長したり、パフォーマンスの低下を招いたりすることにもなりかねないため注意が必要だ。(4-12)

もともと目標達成への内発的動機づけがある場合の目標設定の仕方として、直接的な現金報酬は使わないようにするアプローチが考えられる。われわれはシンク・スモールのコンセプトを幅広く捉え、その具体的方法を3つ検討した。

ひとつは、**現金報酬をお金そのものではなく、それで買えるものに設計しなおす**方法だ。これは、ある研究グループが考えだした優れた手法で、シンガポールのタクシー運転手たちにもっと運動をさせるインセンティブを設計した際に取り入れられた実績がある。100ドルの現金報酬を選んだ人もいたが、タクシーの1日のリース代を肩代わりしてもらえるという報酬内容のほうがはるかに効果的だった。(4-13) 1日のリース代も100ドルだったことを考えると、効果に大きな差が出たのは驚きだ。

この方法を自分の目標に当てはめるならば、最終目標を達成したときのご褒美には、自分が本当にやりたいことを選ぶべきだ。だが、現金そのものを報酬にするのではなく、その現金で買えるものにするとよい。ずっと行きたいと思っていた旅行や、盛大にパーティーを開いたり、映画館や贔屓のスポーツチーム観戦のシーズンパスを購入したりするのもいいだろう。

どんな報酬にしようか考える際には、「目標設定」の章で学んだこと――物理的なモノよりも「体験」を買う、社会的関係を充実させる、人のために時間とお金を使う等のほうがはるかにウェルビーイングの向上に資する――を思い出そう。たとえば、給料の一部を慈善団体への寄付に回してもらった社員のほうが、自分で使うためのお金をもらった社員よりも幸福度と満足度が高かったという研究結果も報告されている。(4・14)

ふたつ目はひとつ目の方法に近いが、人への報酬を設定するのに特に適したものだ。モノを買うという発想を完全に捨て、**お金では買えないものを報酬にする**のである。

公的機関であれば、自分の組織が裁量を持つ事柄で、人びとに現金よりも高い価値を提供できるものを考えたい。たとえば、通常は駐車禁止の場所にひとりだけ1年間特別に駐車できる権利とか、憧れの著名人とランチができる権利（資金集めのオークションでよくある特典だ）等はきわめて魅力的な報酬となるはずだ。

オスロ市の取り組み例も参考になる。同市では電気自動車の普及を促すため、電気自動車にはバスレーンの走行を許可したところ、購入台数が増加しただけでなく、その存在も目立つようになったという。実際にどのくらいの人たちが環境に優しい車を選んでいるかが突如「見える化」されたわけだ。

行動洞察チームでも、創設メンバーのひとり、サイモン・ルーダを中心に、この「お金では買えない」報酬のミニ版を考案した。毎年クリスマスの時期に、チームのロゴ、制作年、受け取る人のイニシャルが型押しされた特注品のペンをつくることにしたのだ。ペンの実際の価値は高くはないが、スタッフはみな、その製造コストをはるかに上回る価値を見い出していた。重要なものを非金銭的な形で報酬としたいのであれば、まずはお金で買えないものを想像してみるとよいだろう。

もしこのふたつの方法が正攻法すぎて性に合わないのであれば、非常に強力な3つ目の方法がある。ディーン・カーランとイアン・エアーズが「**反インセンティブ**」と呼ぶもので、通常の報酬では考えられないほどモチベーションが高まる方法だ。この反インセンティブのもっともシンプルなパターンは、心底忌み嫌う理念や慈善団体に金銭的支援を約束するというものだ。つまり、**目標を達成できなければ、大嫌いなスポーツチームや政治家や団体への寄付にコミットしなければならない**ということだ。

毎日通勤に使っている電車でストライキをしようとしている労働組合や、自分が反対している政策を掲げる右翼政党（これが反インセンティブとなるかは個人の政治的信念の度合いにもよるが）に50ポンドの寄付を行うのは、同額の報酬やペナルティよりもはるかに大きなインパクトを持つ。ローリーが運動の習慣づけの際のペナルティとして、アーセナル（彼がもっとも忌み嫌うサッカーチームだ）のシャツを着ることをコミットしたように、インセンティブは金銭的なものである必要はなく、むしろ、このような非金銭的な反インセンティブのほうがもっとも強力な効果を生む。そこでは、自分が心底したくないものであるかどうかが最大のポイントとなる。

反インセンティブが優れているのは、金額そのものは必ずしも大きくなくてよいということだ。世界でもっとも忌み嫌う団体への寄付は、たとえ少額であっても、その何倍ものお金が銀行口座から引き出されるよりはるかに大きなダメージとなるにちがいない。

ただしその際には、本章ですでに述べた拘束力――自ら約束したことをやり抜く覚悟――が改めて重要になってくる。だからこそ、反インセンティブの設定にはくれぐれも慎重を期し、安易な気持ちで取り組んではならない！

目標達成に向けたポジティブなステップを説明した本書のルールのなかで、これだけが唯一、どのような場合にうまくいかなくなるかについて述べたものだ。報酬メカニズムも、設定の仕方が適切でないと逆効果となる可能性がある。だが、いくつかのシンプルなテクニックとちょっと頭を使うだけで、自分を目標へと駆り立てる絶妙な報酬に仕立てることは可能なのだ。

本章では、報酬を設けて目標達成を後押しすることについて論じてきた。だが、思ったほど簡単でないこともおわかりいただけたと思う。

報酬システムをうまく機能させるには、4つの原則に留意しなければならない。4つの原則とは、報酬（やペナルティ）を最終目標と直接リンクさせること、結果が気になって仕方ないほど自分にとって重要なものを報酬にすること、報酬に拘束力を持たせること、何かを得るのではなく失う仕組みにすること、である。

最終目標を達成するために大きな報酬を設定するとともに、行動の「チャンク」とリンクさせた小さなインセンティブも補完的に用いるとよいだろう。ちょっとしたご褒美をこまめに与える仕組みにすれば、良い習慣形成を促すことができる。

最後に、はっきりとした金銭的インセンティブが与えられると、内発的な動機づけが損なわれるリスクがあることも指摘した。だが幸いなことに、これを防ぐ方法はたくさんある。インセンティブの内容を慎重に設計する、お金ではなく体験を報酬にする、「反インセンティブ」を取り入れる等々だ。さらに、グループ・インセンティブという方法を活用するのも一案だ。

次章では、他者の協力を仰ぐと、目標達成がぐっと近づくことを詳しく見ていこう。

第5章

共有

アンディは行動洞察チームに最近加わった優秀な新人だ。彼はイングランド北東部の都市グリムズビーの出身で、地元にはたくさん友人がいた。彼らはみな喫煙者だった。

アンディ自身は当時、自分のことを喫煙者だとは思っていなかったが、仲間たちが吸うなら自分も吸うという、典型的な「ソーシャルスモーカー」ではあった。大学入学を機にブリストルに移ってからも、似たような状況が続いた。大学での新しい友人には喫煙者が多く、みなで夜、街に繰り出したときなどは、アンディも彼らに付き合って吸っていた。その後の数年間もこのような状況が続いた。まわりの人がタバコを吸っていなければ、アンディもめったに吸わなかった。

ところが、大学生活最後の年になって、状況が変わりはじめた。アンディは学生たちによる政治活動に関わるようになり、2010年の総選挙に向けた選挙運動の際には、長い時間、地元政党の本部に詰めていた。そのとき、選挙運動に参加していたほぼ全員が喫煙者で、日に何度もタバコで一服しながら、何やかやと忙しい仕事のストレスを発散していた。そういうときはたいていアンディも付き合っていたのだが、そのうち、自ら一服する時間をとるようになっていった。

グリムズビーやブリストルでの学生時代は、主に夜、付き合いで吸っていただけだったのだが、ここにきて、昼間定期的に吸うようになっていた。彼はいまや、れっきとしたニコチン中毒者であった。知らず知らずのうちにニコチン中毒の世界に足を踏み入れていた――そんな感覚だった。

「ある朝目覚めると、タバコに手を伸ばしている自分に気づく。そのときはじめて、自分はもうソーシャルスモーカーではないのだと思い知らされたんだ。気づいたら、正真正銘の喫煙者になってしまっていた」アンディは後にこう振りかえっている。


そんなある日のこと、すべてが変わる出来事があった。アンディはニコラと出会い、ふたりは恋に落ちたのだ。しかし厄介なことに、ニコラはタバコを吸わなかった――吸わないだけでなく、タバコを嫌悪していた。歯は黄色くなるし、服には嫌な匂いがつく。第一、吸いつづけることでじわじわと自分の体を死に追いやっているような人と結婚したいとは思えなかった。

だからアンディには、彼女を妻として迎えたいのならば、タバコをやめる以外にないとはっきり伝えた。とはいえ、これはだれがどう見ても実現困難な要求だった。ニコチンは非常に中毒性の高い薬物だからだ。

ところがアンディは、行動科学の研究を通じて得たさまざまな知見から、自分はやり遂げられるという自信があった。アンディはニコラが課した厳しい結婚の条件をのみ、禁煙を決意した。


アンディがそこまで自信を持てたのは、目標達成の社会的要素を理解していたからだ。

彼は、自分が人から影響を受けていることを認識していた。そもそもタバコを吸うようになったきっかけもそうだったのだから、やめるときもそれが助けになってくれるのではないかと考えた。未来の花嫁が課した禁煙条件をのんだのは、彼女を愛していたからというだけではなく（もちろんこれが大きな部分を占めてはいたのだが）、ニコラがきっとこの目標の達成に力を貸してくれると思ったからだった。

夫婦の片方が禁煙をすると、もう片方も67％の確率でタバコを吸わなくなるという新たな研究結果も、アンディの仮説を強力に裏づけるものとなった。(5-1)

だが、この話には続きがあった。ふたりはブリストルから引っ越すことを考えていた。これは、禁煙に成功するかどうかを大きく左右する馴染みの社会的ネットワークからアンディが離れることを意味した。

人は自分が属している社会的ネットワークから非常に多くの影響を受ける。そのため、友人の友人の友人が喫煙者なら、あなたも喫煙者となる可能性が高くなる。(5-2) アンディは、ブリストルとグリムズビーの社会的ネットワークから離れることによって、禁煙はしやすくなると考えた。そもそも彼がタバコを吸うようになった原因の一端は、まさにこのネットワークにあったのだから当然だ。

それから2年が経ち、アンディの自信は的外れではなかったようだ。ブリストルを離れてからタバコは1本も吸っていないという。その翌年、ふたりは晴れて夫婦となり、タバコとは無縁の新生活を心から楽しんでいる。

そこで本章では、**いかにしてまわりの人の強い影響力を目標達成に活かすか**を議論する。まわりの人と目標を共有すれば、モチベーションを維持しやすいし挫折もしにくい。

とはいえ、プライベートで目標というと、もっぱら自分の能力向上のための取り組みと捉えがちで、人と共有することなどおよそ思いつかない。同様に、仕事や政府の政策においても、実行するプロジェクトやプログラムの社会的要素は従来から無視されてきた。なぜなら、人は社会的交流の重要性を考慮せずに、自己の利益の最大化を目指すものだとする経済学的前提に立っていたからだ。

行動洞察チームのアドバイザーを長く務め、アメリカ経済学会会長でもあるリチャード・セイラーは、経済学者であり哲学者のアマルティア・センの言葉を使い、この状況をこう評している。「純粋な経済人はむしろ、社会的には愚者に近い」(5・3)

だが、本書ではここで、社会的ネットワークが持つプラスの副次的影響について指摘しておこう。本章のタイトルを「共有」とした理由もここにある。

友人や家族や仕事の同僚に何かを手伝ってもらうと、自分（も彼ら）もそれに対して何かお返しをしなければと強く感じ、相手に報いたいと思うものだ。この衝動は非常に強いため、ダーウィンはこれを道徳性の基盤と考えた。(5・4) 人からプレゼントをもらったり、何か褒められたり、自宅での夕食に招待されたりすると、こちらも何かお返しをしなければと思う気持ちがまさにこれだ。自分の目標に向けて人に協力してもらうだけでなく、あなたも人の目標達成に協力することができれば理想的だ。

われわれ人間は社交する動物だ。(5・5) 人がしていることや、人にどう思われているかに影響を受ける。たいていは無意識に、かつ、われわれが思っている以上に強く影響を受けている。この社会的要素をもっとも効果的に活かす方法としてわれわれが推奨するのは、次の3つの黄金律だ。

【ルール1】協力を仰ぐ……協力してくれる人がいると目標達成の可能性は高まる。みな驚くほど協力的なものだ。

【ルール2】社会的ネットワークを活用する……われわれの行動は自分が組み込まれているネットワークに大きく影響を受ける。それだけに、このネットワークはさまざまな形で目標達成に活用できる。

【ルール3】グループパワーを使う……同じ目標を持つ大勢の人たちと団結すると、ひとりでやるよりも多くのことを速く達成できる。

[ルール1] 協力を仰ぐ

次のような状況をイメージしてみよう。あなたはいまニューヨークにいる。電話をかけたいが携帯電話は充電切れだ。急を要するため、知らない人に声をかけ電話を貸してもらえるか訊いてみよう。貸してくれる人は果たしてどれくらいいるだろう?

ちょっと考えてみてから、次はこんなシチュエーションをイメージしてみよう。あなたは学生で、必修の体育の授業のため、みなと同じように体育館に行かなければならない。そこで、近くにいた学生に声をかけ、体育館の場所を訊いてみる。その学生は体育館のほうを指し示すが、あなたはさらに、「体育館まで連れて行ってくれませんか?」と訊くとする。さて、この依頼をきいてくれる人はどれくらいいるだろう? その答えについて、ここでもまた少し考えてみてほしい。

見ず知らずの人から助けを求められたら、それに応じる人はどのくらいいるか――この予測が可能かを探ろうと、あるふたりの研究者が考えたシナリオだ。(5・6)

被験者たちは、携帯電話の事例では30％の人が電話を貸すと予測したのに対し、体育館の事例では、そこまで付き添ってくれる人はわずか14％と予測した。ところが、いずれの事例でも、実際に協力を求められた人たちの半数近くが求めに応じていた（携帯電話では48％、体育館では43％）。(5・7)

自分の利益にはならないことでも、協力を頼まれれば応じる人がこれほどたくさんいるという実験結果に、多くの被験者が衝撃を受けた。だが、これはたまたまこのときだけ得られた結果かというとそうではない。コーネル大学の心理学部教授ヴァネッサ・ボーンズが率いる研究チームでは、1万4000人以上の人を動員してこの種の実験を繰りかえした結果、(5・8)どの実験でも類似の傾向が認められたという。

人はわざわざ他人を助けたりしないものだと、われわれは端から思い込みすぎているのかもしれない。実際には、われわれの予測をはるかに超える約半数もの対象者が他者への協力に応じていたのだ。(5・9)

この結果は何を示唆しているだろう？　**「他者の協力」という、目標達成をサポートしてくれる優れたツールがありながら、これを活かせていない人が非常に多い**ということだ。携帯電話が充電切れした人に自分の携帯を貸してあげるニューヨーカーが50％近くもいるのなら、われわれに喜んで力を貸してくれる人は身近にたくさんいるにちがいないのだ。

まずやるべきことは至ってシンプルだ。自分の目標達成に協力してほしいとまわりの人に頼むことだ。そこで行動洞察チームでは、どのように人に協力を仰げばよいかを検討してきた。

この検討がもっとも進んだのが教育分野だ。行動洞察チームのメンバー、ラジ・チャンデはハーバード大学教授トッド・ロジャースとブリストル大学教授サイモン・バージェスと共同で、親が子どもの教育にもっと直接的に関わるシンプルな介入方法を考え出した。

子どもの手助けをしたいと思っていても、何から始めたらよいかわからないという親は多い。昨今の子どもたちが学んでいる内容は親の世代が教わらなかったことも多く、自分たちが力になれる部分などないのではと、ときに不安になるものだ。

帰宅した子どもと親の典型的な会話をイメージしてみよう、とラジは言う。親が「今週末は何の宿題があるの？」と訊いても、「別に、少しさ、いつもどおり」などというお決まりの素っ気ない答えが返ってくるだけだ。

そこで研究チームは、親が子どもの教育にもっと関われるよう、もう少し情報を与えてみようと考えた。仕組みはこうだ。親たちは週に一回、学校から連絡事項のメールを受け取る。次のテストの予定や、理科や数学や英語の授業で最近子どもたちがどんなことを学んだか等の情報とともに、これらのトピックについて親子の会話を促すためのアドバイスが送られてくる。次ページ上図はメールの具体例だ。これによって親子の会話がどのように変わるか想像してみよ

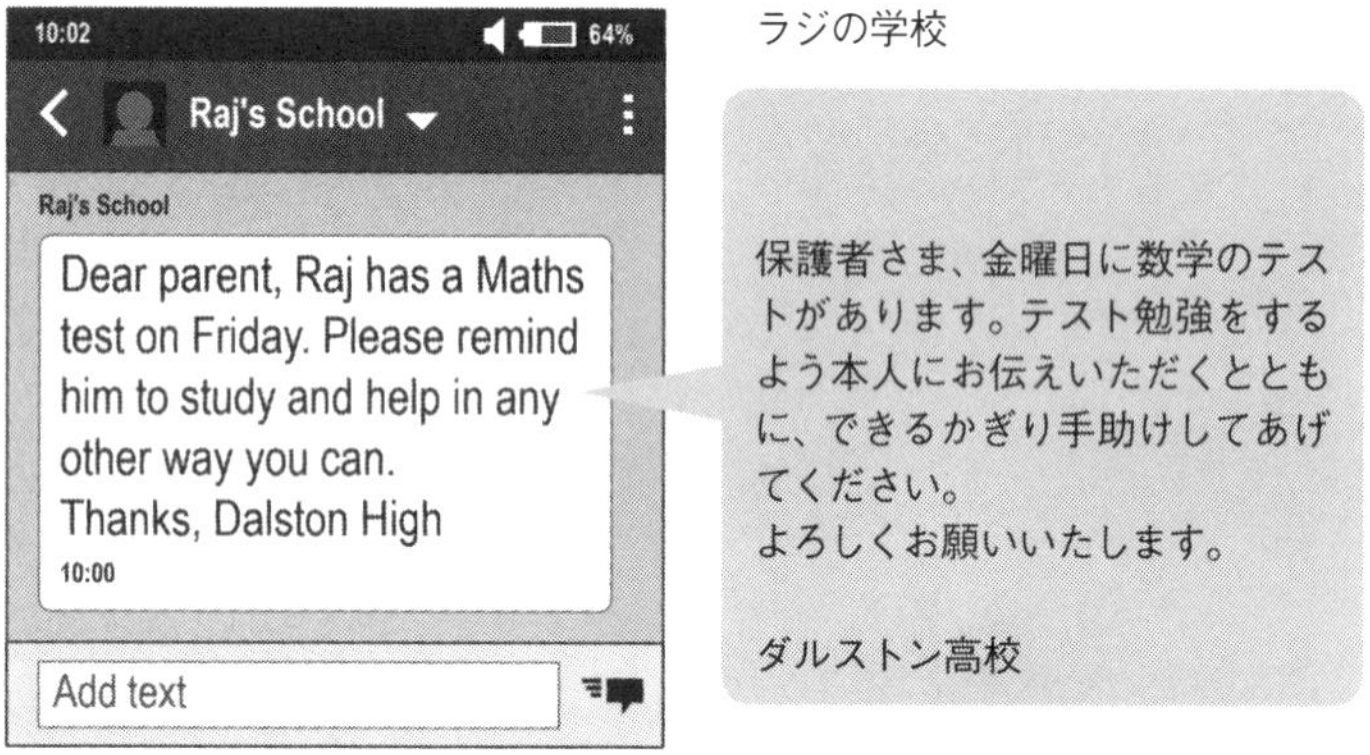

う。

このメール文は、テストの日程にも言及した具体的な内容で、実際に親がしてあげられること（テスト勉強をするよう本人に伝える）が明確に示されているため、親子の会話はがらりと変わるだろうと予測された。このメールを受け取った親はこんなふうに子どもに声をかけるだろう。「金曜日に数学のテストがあるらしいわね。テスト勉強はいつやるの？ お母さんが手伝えることあるかな？」

親子の間で実際にどのような会話がなされたかはわからないが、この種の介入が子どもの成績にどんなインパクトを与えたかは確認することができた。この程度のシンプルなメール文により、1カ月分の学習と同等の教育効果が得られたのだ。メール送信にほとんどコストがかかっていないことを考えると、驚くべく効果といえよう(5・10)。

このメールは効果が絶大だっただけでなく、保護者の間で大変好評だった。このプログラムの継続を希望するか問われた保護者たちは、みな一様に「希望する」と答え、「もっと頻繁にメール送信してほしい」という意見すら出た。子どもたちからも、親へのメールをもっと増やしてほしいという要望が出たほどだ！

この実験結果は、専門学校でのフォローアップ調査においても実証された。授業をサボらず試験で良い成績をとるよう生徒たちを促すメールが毎週送信されるのだが、こちらの事例ではより顕著な結果が得られた。生徒には勉強をサポートしてくれる「スタディ・サポーター」がついているが、このサポーターたちは毎週メールを受け取ると、生徒がきちんと授業に出席するよう働きかけていた。その結果、メールの送信がない場合より11％も出席率が上がったのだ。

イギリスの教育基金財団Education Endowment Foundation（EEF）は、学校教育で成果を上げる「有効な方法」を探る目的で、2011年に教育省の助成金1億2500万ポンドで設立された団体だ。このEEFにとっても、これらの実験結果は大いに参考になるものだった。他の研究からも、先のメールを使った介入の事例のように、互いに助け合うよう働きかけると効果的であることが実証されている。

たとえば、校長のイニシアティブで実施できる施策のひとつに、生徒たちがお互いに勉強を教え合う、という方法がある。[5・11] 生徒が通常1対1で教え合う「ピアチュータリング《教え合い》」を導入すると、5カ月分の学習効果に相当するという。しかも、教える側と教えられる側の双方にとってポジティブな効果があり、もともとの成績が悪い生徒ほど効果が高いこともわかった。[5・12]

さほどコストはかからないのにパフォーマンスが劇的に向上し、もっとも助けを必要としている人に最大の恩恵がもたらされるとなれば、これほど優れた介入の方法はそうそうないだろう。だからこそ、このような方法は積極的に活用すべきだ。この事例は、人と助け合うことで目標が達成されるという、非常にシンプルな原理を実証するものだった。

同様の結果は他の分野でも得られた。禁煙、禁酒、減量のプログラムでは、ピアサポートがあるのとないのとでは大違いだ。[5・13] スポーツをする人なら、だれかと一緒にやるとハードな運動もこなせてしまうのを実感したことがあるだろう。これらはどれも同じ現象の結果なのだ。

人と一緒に取り組んだほうがひとりのときより頑張れるし、モチベーションも維持しやすい。その効果はさまざまな研究で実証されている。

ある研究グループは、人と一緒に取り組むことの効果を測るため、ジム通いをしている女性たちに6日間、心拍数の65%でフィットネスバイクをこいでもらった。被験者はふたつのグループに分けられ、一方はひとりでやるよう指示され、もう一方には一緒にやるパートナーが付いた。だが、このパートナーというのが生身の人間ではないところがミソだ。ジム仲間はバーチャルな存在で、バイクのセッション中、スカイプで映し出される仕組みだ。映画『スピード』に、爆破犯を欺くため、偽りの録画映像を流すシーンがあるが、このジム仲間も事前に撮影されたエンドレスな映像素材であるため、常に被験者より高いパフォーマンスを示せる。

この仲間と一緒に運動をした被験者は、ひとりでやった人よりもずっと長い時間運動をした。被験者の運動時間は実に2倍になったのだ。(5-14) このことからも、人の協力が得られると効果が上がる、というのはまちがいなさそうだ。特に、よきライバルとの間でちょっとした競争意識が芽生えればなお効果的だ。

目標を共有しようと思うなら、**まず真っ先にやるべきことは、自分の目標達成に協力してくれる人を探すことだ**。その人（ひとりでも複数でも）が見つかったら、どんなふうに頼んだらよいかを考えよう。学校からメールを受け取る親がそうだったように、あなたのサポーターも、あなたの目標達成をどのように後押ししたらよいか知りたいはずだ。いつ、どんなサポートをしてほしいかを具体的に伝えよう。(5-15)

［ルール2］社会的ネットワークを活用する

建築や家づくりに興味を持つようになった最初（で最後）のきっかけは、あのカラフルなブロックセットだったという人は多いだろう。

レゴ®は、デンマーク人の大工オーレ・キアク・クリスチャンセンが自ら開発した木製玩具のメーカーで、1932年の創業以来、デンマークである程度の実績を挙げていた。(5・16) 1940年代になると、クリスチャンセンは他の玩具メーカーがまだどこも導入していなかったプラスチックの射出成形機にいち早く目をつけ、2年分の利益を投入した。続く50年間でレゴブロックは空前の大ヒット商品となり、同社は莫大な利益をあげるようになった。1978年から5年ごとに会社の規模は倍になり、1993年には12億ドルもの収益を生み出した。

ところが、その後10年と経たないうちに、同社は倒産寸前の状態に陥ってしまった。2004年には、直近5年間で3回目の赤字を計上し、創業家からの借り入れに頼らざるを得なくなった。

大ヒット商品で絶好調だった経営状態がなぜここまで悪化してしまったのか？

ビジネススクールのケーススタディでは、トップクラスの企業が一気に転落する理由は、世界の変化に合ったイノベーションを起こせなかったからだと説明される。だが、レゴは違った。同社はイノベーションが不足していたわけではなく、別の方向に舵を切りすぎ、「自社のイノベーションの取り組みを制御しきれなくなっていた」というほうが正しい。要は多角化を急ぎすぎたのだ。カリフォルニアの「知的玩具」メーカーを買収したり、ニューヨークでインターネットビジネスを始めたり、イタリアのミラノにデザインスタジオをつくったりと手を広げすぎた。これらの事業で開発されたゲームのなかには、レゴのコンセプトである建築の要素などまったくないものもあったほどだった。[5-17]

しかし同社の特筆すべき点はこの転落劇ではなく、続く10年間で業績を急回復させたことだ。２０１３年に企業価値は１５０億ドルに迫り、最大のライバル企業であったマテル［訳注：バービー人形を製造・販売するアメリカの大手玩具メーカー］やハズブロ［訳注：モノポリー等を製造・販売するアメリカの大手玩具メーカー］を超えて、世界最大の玩具メーカーにのぼりつめた。

ヨルゲン・ビー・クヌッドストープが新しくレゴのＣＥＯに就任してから、10年そこそこで業績が急回復したこの事例は、ビジネススクールのケーススタディの格好のテーマであり、さまざまな要因が分析されるにちがいない。実際、負債額やキャッシュフロー管理の難しさや、レゴ帝国においてコアビジネスとの関連が薄い事業を売却するといった、財務上の難題が山積していた。

とはいえ、**同社の劇的な回復を支えた主たる要因は、たくさんのファンの力を活用したことだった。**レゴというブランドを取り巻く社会的ネットワークを、はじめてひとつの大きな資産と捉えなおして活用したのである。

この転換をもっとも象徴的に表しているのが、2008年に日本で始まり、2011年に世界的に広がった「レゴ®アイデア」の企画だ。これはシンプルだが画期的なアイデアだった。自社の社員に新商品を企画させるのではなく、熱烈なレゴファンである顧客たちに、自分が買いたくなる商品を提案してもらい、いっそのこと発売前からプロモーションにも協力してもらう、という方向に発想を大きく転換させたのだ。

この企画にはだれでも参加できる。モデルをつくったらその写真を撮り、プロジェクトプランを立ててレゴのウェブサイトにアップロードする――これだけでいいのだ。[5・18]ただし、その後2年以内に1万人の支持を得なければならないところが大きな関門だ。

だが、これこそが天才的なアイデアたる所以だった。レゴはアイデアが当たるかどうかをはかる仕組みを生み出すことに成功したのだ。それまでは、膨大な量の商品開発を行い、そのうちのどれが当たるかの確証もないまま特定の商品に賭けてみるしかなかった。それがいまや、社員が参画する前段階でどんな商品が当たるかがわかる仕組みを手に入れた。支持を得るプロセスが非常に速ければ、同社は即座にそれがベストセラー商品になるとわかるわけだ。

オンラインゲームのマインクラフトのファンがこのゲームをテーマにレゴのアイデアをアップロードしたところ、わずか2日で1万人の支持を獲得した。半年後にはこれがレゴ・マインクラフト・マイクロワールドという商品となって店頭に並び、世界的なベストセラーとなった。(5-19) 他にも、鳥シリーズ(アオカケス、コマドリ、ハチドリ)、ドクター・フー、迷路等、いずれもレゴブロックだけを使った人気商品となった。

レゴ®アイデアが多くのファンを引きつけてやまない理由は他にもある。それは同社がファンたちとの互恵的な関係性を重視していることだ。会社側はただ単にアイデアだけ吸い上げ商品化して終わり、ではない。発案者はプロのデザイナーとともに商品化のプロセスに参画できるし、発案者の名は最終商品に掲載され、売上から著作権使用料も得られるようになっているのだ。

このように、社会的ネットワークの力を活用してイノベーションと顧客サービスを推進しようとしている企業は他にもある。アップルのサポートコミュニティでは顧客間で互いにトラブルを解決し合っているし、ポテトチップスのレイズが2013年に打った「Do us a Flavor」という新フレーバーの公募キャンペーンでは、一般から１４００万以上のフレーバー案が寄せられた（5・20）。

もっとも、こういうネットワークを活用できるのは企業や組織に限った話ではない。社会的ネットワークがわれわれ自身の生活に及ぼす影響はきわめて大きく、行動の研究が進むなかで新たな発見も出てきている。

本章冒頭でのアンディの禁煙の事例から、社会的ネットワークがどれほど大きな効果をもたらすかを学んだが、この効果は、先進国の人びとが抱えるさまざまな問題の解決に役立つかもしれない。そのひとつが肥満の問題だ。

本来、肥満になるかどうかはきわめて個人的な問題だ。食べる量も運動量も、決めるのは自分自身だ。それなのに、肥満率は国によって大きく異なる。海外に行ったことがある人なら、その差を如実に感じたはずだ。この違いを生む大きな原因のひとつは、われわれが社会的ネットワークから受ける影響の違いだ。

この現象に関して、ハーバード大学のニコラス・クリスタキスとカリフォルニア大学のジェイムズ・ファウラーが優れた分析を行なっている。１万２０００人以上もの被験者を対象に、１９７１〜２００３年の間に複数回にわたり体重測定を行い、肥満度を観察した。これだけ幅広く詳細なデータを取得したという事実だけでも驚きだが、社会的ネットワークの影響をかつてない規模で調査可能にしたという点でも、この研究は特筆に値する。

ここで得られた研究結果は、アンディの喫煙の事例で明らかになったこととときわめて近いものだった。すなわち、肥満は個人的な事象であるどころか、社会的ネットワークを通じて伝染する、ということが示されたのだ。

肥満の人と直接関わりのある人が肥満になるリスクは、無作為に抽出されたネットワークの場合より45％も高かった。つまり、**友人や職場の同僚や家族が肥満だと、自分も肥満になる可能性が高い**、ということなのだ。喫煙の研究で示されていたのと同じように、友人の友人の友人が肥満だと、自分も肥満になる可能性が通常よりも高くなる。このように3人を介していてもなお、社会的ネットワーク内の人たちから一定の影響を受けるのである。

社会的ネットワークの影響力が理解できたら、これをなぜ、どのように利用するかを改めて考えてみよう。自分自身のことや自分の目標について考えるとき、いかに社会的ネットワークを利用して自分の目標達成につなげるかだけでなく、目標への取り組みを阻害するネットワークがあることも認識しておかなければならない。社会的ネットワークの有効な活用法はいろいろあるが、なかでも、われわれ自身が試してみて非常に効果的だったものをご紹介しよう。

そのひとつは、社会学者ウェイン・ベーカーと妻のシェリルが開発し、行動科学者のアダム・

グラントによって広く知られるようになった「**助け合いの輪**」と呼ばれるもので、(5・21) 考え方は至ってシンプルだ。

われわれは普段、仕事でも遊びでも、非常に結びつきが強くリーチも広い社会的ネットワークに組み込まれている。だが、そこに属しているひとりひとりはネットワークを有効活用できることに気づいていないし、そのための仕組みも持っていないのが実状だ。「助け合いの輪」は、みなが実際にひとつの輪になり、何かサポートを求めたい人は輪のメンバーにそれを表明する（ただし、強要はしない）というものだ。それを受けて各メンバーは、自分の知人（や知人の知人）で、そのサポートを提供できる人はいないかを考える。これは、前章で見た直接的な助けとは異なり、自分の社会的ネットワークを活用して、通常であればアクセスのない人にサポートを提供しようという試みである。

グラントが自分の研究室の学生たちとこの「助け合いの輪」を実践したところ、開始前はみな半信半疑だったにもかかわらず、結果的に非常に有効なサポートが多数提供されたという。たとえば、学生のひとりは大のテーマパークファンで、将来は北米の大手遊園地チェーンであるシックスフラッグスの経営に携わりたいと話した。すると、クラスメートのひとりが同社の元CEOと知り合いだということが判明し、紹介してもらえた、というケースがあった。行動洞察チームでも、メンバー全員が輪になって集まり、それぞれの社会的ネットワークを通じてど

行動洞察チームで「助け合いの輪」を実践したときの様子

んなサポートが欲しいかを話し合ったところ、さまざまな分野の仲間たちからたくさんのオファーがあった。

メンバーのひとりは空を飛べるようになりたいと言ってみなを驚かせた。果たして、これに関するサポートをオファーできる人はいただろうか？　いたのだ、それもたくさん。イギリス空軍で訓練経験のある官僚や実績豊富な民間パイロット等、力になれそうな人を知っているというオファーがたくさんあったのだ。肥満の研究で見たように、社会的ネットワークのリーチは驚くほど広く深い。自分の目標達成に利用しない手はないだろう。

自分やまわりの人の社会的ネットワークを活用する方法は他にもたくさんある。行動洞察チームでは、人に行動を変えさせるだけでなく、その人から別の人に働きかけてもらい、その行動を変えさせるという方法に注目している。これは、われわれが「**ネットワークナッジ**」と呼ぶ方法で、これまで多くの事例で採り入れてきた。

行動洞察チームの調査責任者マイケル・サンダースは、高給取りの投資銀行家に給与の1日分を寄付にまわすよう促すにはどうしたらよいかを検討した際、ある実験を行なった。実験の結果、隙のない投資銀行家たちでも、通勤時に街頭に立つ募金活動家からお菓子をもらうと、寄付をする確率が倍になることがわかった。お菓子の価値は寄付額の1000分の1に過ぎないにもかかわらずだ。これが助け合いである。

一方でマイケルは、時間が経つにつれ、その効果は徐々に薄れていくことに気づいた。昨年お菓子を渡した同じ投資銀行家にまた渡すと、今年も高い寄付率とはなったが、昨年ほど高くはなかった。

そこで翌年は、この投資銀行家たちに再度寄付を頼むのではなく、彼らからその同僚に働きかけて寄付してもらうように頼んだ。これは、慈善活動への支援を人びとに働きかける介入の方法としてきわめて効果的で、結果として多額の寄付が集まった。自己利益の追求に余念がない投資銀行家に職場の社会的ネットワークを活用するよう促した結果、寄付率は実に4倍に跳ね上がったのである。

21世紀に入り、フェイスブックやツイッターやインスタグラム等、オンラインの社会的ネットワークが登場したことにより、われわれは、かつて想像すらできなかった形でたくさんの人たちと日々つながれるようになった。肝心なのは、社会的ネットワークを活用できるかどうかということではもはやない。これらの活動をどのように工夫すれば目標達成にプラスの効果をもたらすことができるかなのだ。

【ルール3】グループパワーを使う

毎年1～2月にかけての数週間は、世界各国の行動洞察チームのオフィスがアツくなる時期だ。ロンドンのオフィスでは、例年どおり財務担当マネージャーのオリバーが懸垂用のバーを倉庫から出しはじめる。われわれはこの寒い冬の時期に運動月間を設けているのだ。行動洞察チームのCEOデービッド・ハルパーンも、かつて片手懸垂で鳴らした腕のウォーミングアップを始める。いくつか大きな健康プログラムで責任者を務めるヒューゴは、すでにがっちりとした体格ができあがっているが、特別ハードな運動月間に備えて調整中だ。運動が苦手なアリエラも、しまい込んであったランニングシューズを引っ張り出してくる。

一方、真夏のシドニーのオフィスでは、グリエルモ、エド、ラヴィの3人が、日差しのもとで行うタッチラグビー、ラウンダーズ［訳注：野球やソフトボールの原型といわれるイギリス発祥の球技］、グループワークアウト等々のアクティビティを企画しはじめる。シンガポールのオフィスでは、ハードなズンバ［訳注：ラテン系の音楽を用いたダンスフィットネス・エクササイズ」のクラスに多くの参加者を集めようと準備中だ。新しく開設されたばかりのニューヨークのオフィスでは、他のオフィスのみんなが真剣に取り組んでいることにようやく気づきはじめたところだ。2月の1カ月間、行動洞察チームの各オフィスは、名誉あるフィットフェブ・チャンピオンのタイトルをかけて互いに熱い戦いを繰り広げる。

ことの発端は数年前、ローリーがシドニーに移り、ニューサウスウェールズ州政府内にチームを立ち上げて間もないころ、フィットネスで競争しようとロンドンオフィスに挑戦状を叩きつけたことだった。以来、毎年2月に、各チームが「フィットフェブ」ポイントをめぐって競い合うようになった。「フィットフェブ」ポイントとは、運動と健康的な食事に関するタスクをクリアしたらもらえるポイントで、たとえば、20分の運動1回につき1点とか、アルコールを摂取しなかった日は1点というふうに、健康に配慮した行動に対して与えられる。

さらに、週ベースの課題（不健康な食事内容を栄養価の高いものに変える等）をクリアするとボーナスポイントが与えられる。シンガポールオフィスのあるスタッフは、目玉焼きとフライドポテトというメニューを、ヨーグルト、缶詰の桃、リンゴを使って、見た目はそっくりだがはるかにヘルシーな一品に変えてボーナスポイントを獲得した。新メニューはなかなか上出来だった。

この種の競争は、個人対個人で競わせるような設定の仕方をしてしまうとたちまち逆効果に

なる。行動学的には結果は大方予想がつく。普段から運動をしている人たちは俄然張り切り、運動をしていない大多数の人たちはサボりがちになるものだ。

ところが、**参加者ひとりひとりが個々にポイントを獲得しながら、ポイントの合計数をチーム単位で競う採点方法にすると、まったく異なる行動パターンを引き出すことができる。**運動に気乗りのしない同僚を巻き込もうというインセンティブが突如沸いてくるからである。

同僚とともに運動した場合には獲得ポイントが増える（ポイント2倍付与）とか、職場でのワークアウトプログラムをつくる（毎日5分取り組むだけで、その職場の全員に1ポイントずつ付与）といった工夫をすれば、さらに効果的だ。職場のみんなが参加しているワークアウトに自分ひとりだけ参加しないというのはそうそうできるものではない。

もちろん、こういうポイント制に難点がないわけではない。だが、２０１６年、ロンドンオフィスは社員のスキー旅行をあえてフィットフェブの時期に合わせて実施し、５時間の運動セッションに付与される特別ポイントを大量に獲得したことがあった。この仕組みの効果がもっとも顕著に現れるのは、こういうきっかけでもなければ普段あまり運動をしない人たちであり、実際彼らは同僚たちに誘われて積極的に運動に参加するようになった。

人が目標に向かって取り組む際、ひとりよりもグループで取り組んだほうが成果があがるというのはおそらく確かだろう。振りかえってみれば、人類がこれまで成し遂げてきた偉業はどれも、多くの人たちの協力の賜物であった。

ジョン・Ｆ・ケネディ元米大統領の有名な逸話にはこのことがよく表れている。１９６２年、ＮＡＳＡスペースセンターを訪問したケネディは、箒を手にした用務員の男性に何をしているのかと尋ねた。するとその男性はこう答えた。

「大統領閣下、私は人類を月に送る手伝いをしているのです」

みなで力を合わせなければ偉業は成し遂げられない。実際、ほとんどの仕事はチームで取り組むのが基本であるにもかかわらず、われわれは目標を他者には関係ない個人的な活動と捉えがちだ。これを裏づけるエビデンスもある。

喫煙を例にあげよう。人口全体に占める喫煙率に注目すると、喫煙する人や集団の総数は減少しているが、喫煙者集団の規模にはほとんど変化が見られないという。(5・22) 一見、逆説的な結果だ。喫煙人口が減少すれば、喫煙者集団の平均的規模も減少すると考えるのが自然だ。もっとも、集団全体で禁煙をすれば話は別だ。その場合、喫煙者集団の規模がほとんど変わらなくても不思議はない。だが、集団の数が減少しているという状況があるのはなぜか。(5・23) これはすなわち、喫煙者たちはひとりひとり個々に禁煙をしたのではなく、集団で禁煙に取り組んだということなのだ。とはいえ、喫煙者たちは、禁煙という目標を達成するために最初から集団の力に頼ろうとするわけではない。

このような現象はさまざまな分野の目標、とりわけ、目標とは自分ひとりで取り組むものだと本能的に思い込んでいる場合によく見られるもののようだ。

減量プログラムの例も見てみよう。この種のプログラムでは、参加者がひとりではなく仲間と一緒に取り組めるようにするともっとも効果が上がるとされる。この分野で特に有名な事例はウェイトウォッチャーズ［訳注：アメリカの大手ダイエット・フィットネス企業］のプログラムだろう。

太りすぎの人772人を対象に同プログラムに関する研究を行なったところ、どこのグループにも属さずにひとりで取り組んだ人の減量幅（2・25kg）に対し、ウェイトウォッチャーズのグループに属している人たちは、実に2倍の減量（5・06kg）を達成した。(5・24)

同様の現象はまったく異なる分野でも見られる。およそ集団の力学の影響を受けなさそうな領域として貯蓄を考えてみよう。貯蓄に関する優れた研究のひとつに、貯蓄仲間のグループをつくることの効果を探ったものがある。そのグループでは、それぞれが設定した貯蓄目標を公表し、お互いに進捗をモニターし合った（ここでは、集団の力学にコミットメントとフィードバックの要素が組み合わさっている）。

研究グループは、ひとりで高い金利のインセンティブつきで貯蓄していた人（なかには0・3％の基準金利ではなく5％だった人もいた）よりも、このグループのほうが多く貯蓄できたかを調査した。前述の貯蓄スキームによりグループの貯蓄額は倍になった一方で、高い金利はほとんど効果がなかったことが明らかになった。(5・25)

ひとつのグループとして共に何かに取り組むというと、メンバー全員が同じ場所に集まって協力し合う様子をイメージするのが普通だろう。だが、オンラインによる相互のつながりがますます密になった昨今では、バーチャルなネットワークやグループを利用する機会が増えている。仕事や仕事に関連した目標では特にその傾向が強くなっている。

行動洞察チームでは、集団による意思決定の強さを示す多数のエビデンスに注目してきた。正しく組織されているグループで行動する人たちは、単独で行動する専門家よりもはるかに有能となり得る。このことを非常にわかりやすく示したのがイギリスの科学者フランシス・ゴルトンだ。

1906年、ゴルトンは、ウェスト・オブ・イングランド・ファット・ストック・アンド・ポウルトリー・エキシビション（家畜と家禽の品評会）で行われた家畜の重量当てコンテストの結果にすっかり魅了されてしまった。これは、食肉処理済みの雄牛の重量を当てるという催しで、約800人が6ペニーの参加費を払って競い合った。参加者には農家や精肉業者といったその道のプロもいたが、大半は当たりを狙いに来た一般大衆だった。

ゴルトンはコンテスト自体に興味があったわけではなく、集団による予想が雄牛の実際の重量に近いかどうかに注目していた。それだけに、実際に雄牛の重量を当てる段になって、集団の予想値が驚くほど実態に近い数字となっていたことに驚嘆した。「この事例に関しては、大衆の意見と実際の重量との誤差は1％にも満たなかったようだ」

この出来事は、イギリスの歴史上、大きな意味を持っていたと言えるかもしれない。男性の選挙権獲得に一定の財産の所有が要件となっていたこの時代に、選挙権を拡大すれば国の意思決定は大きく変わるかもしれない――ゴルトンはコンテスト結果から大いに手ごたえを感じた。結果について彼は、「民主的判断は予想をはるかに超えて信頼に足るものである」と述べている。(5・26)

ゴルトンやその後の研究者たちの見解を根拠に、「群衆」は常に個人よりも賢いとする考え方が一部で広がった。ここから、専門家の個人的意見のみに依存するよりも、大勢の人たちの意見のほうがより正確であると安易に解釈されることにもなった。ただし、そう言えるためには、意見の多様性が担保されていなければならない。

たとえば、インフレが加速するかどうかを予想する場合、経済学者の意見だけでなく、中小企業の経営者や経済的に困窮したひとり親家庭の話も参考にすべきだ。実際、この3つの類型の人たちはそれぞれ異なる知識と経験をもとに判断する。彼らの総合的な予想のほうが、経済学者だけの意見よりも正確であることが研究で示されている。(5・27)

だが、ここで重要なのは、彼らはそれぞれ独立して予想を立てなければならないということだ。経営者は自分で判断をする前に、経済学者やひとり親と意見交換をすべきではない。さらに、ひとつの問題に関して過度に意見が分散するのを避けるため、何らかの方法で意見を集約する必要も出てくるだろう。(5・28) これらの条件が満たされていれば、集団よりも優れた判断ができる専門家はきわめて少ないと言えよう。(5・29)

興味深いことに、この多様性というものは、小さな集団のパフォーマンスを上げるうえでも重要な要素であるらしい。イギリスの著名な作家・評論家であるティム・ハーフォードによれば、人は友人等、気心の知れた人と仕事をしたいと考えるものだが、そこに見知らぬ人を加えると全体のパフォーマンスが向上するという。(5・30) したがって、仕事でチームをつくるときは、あえて異なるスキルやバックグラウンドを持った人たちを組み合わせるといいだろう。

行動洞察チームでは、これらの原理を取り入れながら組織としての目標達成に取り組んでいる。先述のように、ひとつの集団として共に仕事をするのはよいことだが、肝心なのはそれをどのようにやるかという、how《ハウ》の部分だ。

たとえばブレインストーミングをする場合、「集団思考」に陥るのを防ぐため、みなで集まる前にオンラインツールを使って各メンバーがあえて個別に時間をとり、それぞれの知識と専門性を活かしたアイデアを出せるよう工夫している。(5・31) また、データ分析や報告書を仕上げる際には、プロジェクトチーム外の人に品質保証や重要なサポート、課題出し等を依頼している。

新入社員の採用方法の開発では、専用のオンラインプラットフォーム「アプライド」をつくり、集団の力を採用判断に役立てている。

このプラットフォームではまず、採用担当マネージャーがさまざまなバックグラウンドを持つスタッフを選定し、彼らを候補者の一次選考者にしている。その理由は、若手社員の選考のポイント（この人は優れたマネージャーになるだろうか?）とベテラン層の選考のポイント（この人には優れた分析力があるだろうか?）は往々にして異なるからだ。

次に、このスタッフたちは、互いに相談し合うことなしに個別に応募者の面接時の反応を観察する。点をつける段階でも、対象者の情報は明かされず、他のスタッフたちと協議もしないことになっている。一次選考に当たったすべての人たちの採点結果はオンラインプラットフォーム上で集約され、これをもとに採用担当マネージャーは二次選考に残す人を決めるわけだ。

このプラットフォームを使って膨大な量の分析を行なった結果、われわれの採用判断に大きな変化が生じていたことがわかった。最近、学生の採用活動の際にある実験を行なったところ（応募者には従来型の選考とアプライドを用いた選考を同時に受けてもらい、われわれが採用したい学生を絞り込むにはどちらの方法が優れているかを比較できるようにした）、最終的に採用した学生の60％は従来型の選考方法ではひっかかってこない人たちだったのである。

これらの事例からわかるのは、**目標はもっぱら個人的なものと捉えがちだが、人と一緒に取り組んだほうがずっと達成しやすい**、ということだ。共通の目標に向かってチーム一丸となって取り組む場合もあるだろうし、集団の知恵を借りてより良い意思決定につなげることもできるだろう。「悩みは話せば軽くなる」とよく言われるが、目標達成についても同じことがいえる。

だが、往々にしてわれわれは目標を自分の内に秘めたままにしてしまう。目標とは、もっぱら個人的に取り組むべきものであって、まわりの人に協力してもらうようなものではないと考えがちだ。だが実際はまるで逆だ。われわれが目標を達成するうえで、他者の存在はきわめて重要なのである。

本章では、自分の目標を人と共有する3つの有力な方法を提示した。一番手っ取り早いのは、まわりの人に協力を求める方法だ。やってみると、人はこんなにも積極的に協力してくれるのかと感動するし、彼らとしても得るものが大きいことに驚くだろう。ここで社会的ネットワークを活用すると、目標達成度はさらに上がる。好むと好まざるとにかかわらず、自分の日々の生活は友人や家族や仕事の同僚の影響をすでに強く受けている。それなのに、この社会的ネットワークの広く深いリーチを自分の目標達成に役立てようとはこれまで思いつかなかったのではないだろうか。これは自分ひとりだけの問題ではない。だれかに目標達成のサポートを頼むことは、その人をサポートすることにもつながるということを忘れないでほしい。

最後に、他の人たちと一緒にグループで取り組めば一段と効果的だということもわかった。共通の目標のために集まった人たち（減量、貯蓄、職場のチーム）のグループもあれば、目標までの意思決定をより良いものにするために知恵を結集する人たちのグループもあるだろう。

どのメソッドを用いるにしろ、「共有」の原理の根底にあるのは、人間が社会的動物であるというまぎれもない事実である。この事実に心底納得したとき、われわれは人と協力し合ったほうが目標達成もうまくいくということに気づくだろう。

第6章

フィードバック

2011年、イギリスの最高医療責任者デイム・サリー・デイヴィス教授のコメントが世界に衝撃を与えた。病原菌の抗菌薬耐性が進み、人類は感染症との戦いに敗れつつあるというのだ。その深刻な脅威は、テロ、サイバー攻撃、その他国民を脅かすさまざまな緊急事態等と並び、イギリスの国家安全保障上の重大なリスクとして認識されるべきだと同教授は主張した。(6-1) 抗菌薬耐性とは、細菌等の微生物が変容し、感染症の治療薬が効かなくなることである。

同教授によれば、過去50年の間に開発されたワクチンや薬剤のおかげで感染症の蔓延は食い止められてきたものの、細菌がこれらの治療薬に対する耐性を急速に獲得しつつあり、早急に手を打たないかぎり、人類にとって次の50年はまったく様相の異なるものになるという。

これまで制御できていた感染症をはじめとするさまざまな病気が、今後はわれわれの健康を脅かす深刻な脅威となる。人工股関節置換手術、化学療法、臓器移植等、一般に普及しているさまざまな外科的処置は、感染症を制御できているからこそ可能になっているものだが、これらが一転、高リスクの処置となってしまうことになる。複雑な問題がみなそうであるように、この抗菌薬耐性の問題もそう簡単に解決できるものではない。新たな薬や治療法の開発が必要で、これには何年もかかるのだ。

その一方で、抗菌薬耐性の問題は薬のせいだけとも言えないらしい。人間の行動も大いに関係しているという。処方された一定量の治療薬を飲み切らずに止めてしまったり、医者に無理を言って必要のない薬まで処方してもらったりすることによって、われわれは耐性のある微生物をどんどん生み出してしまっているのだ。

この問題を解決するには、医療面だけでなく人間の行動面にも焦点を当てなければならない。そこで、行動洞察チームの医療担当ディレクター、マイケル・ホールズワースは、イギリスの保健省とイングランド公衆衛生サービスとチームを組み、医者も一般の人たちと同じように、適切なフィードバックを進んで受けようとするかを調査することにした。

彼らはまず、イギリス全土の開業医の治療状況を精査し、抗生物質の処方率がそれぞれの地域の開業医のなかで上位20％に入る人たちを特定した。この過剰処方していた医者たちの半数に、その医者の薬の処方傾向のフィードバックと、処方量をすぐにも削減できる3つの具体的方法（たとえば、処方を遅らせ、症状が続く場合のみ薬を処方する等）を示すお知らせを最高医療責任者の署名入りで送った。

これらの助言と併せ、他の医者たちと比較した自身のパフォーマンスについても説明がなされた。「（あなたの地域の）開業医の大多数（80％）は、患者ひとりあたりに処方する抗生物質の量があなたよりも少ない」と知らされたのだ。

このフィードバックレターを受け取った医者たちのその後の行動を、レターをもらわなかった医者たちと比較した結果は、マイケルと研究チームにとって大きな衝撃だった。その後の半年間で、フィードバックレターを受け取った医者たちが処方した抗生物質の量は、受け取らな

かった医者たちより7万3400個も少なかったのだ。(6・2)

よく考えてみてほしい。薬の有効性は変わっていないし、医者たちに金銭的インセンティブを与えたわけでもない。また、政府からしつこく電話で注意されたわけでもなかった。医者たちはただ単に、これまでしてきた治療内容についてのフィードバックを受け、どう対処すべきかの具体的アドバイスを与えられ、他の医者との比較内容を知らされただけだ。これだけで、彼らの処方量は以前より何万も少なくなったのである。

昔から、フィードバックは人の行動を変え、目標達成に役立つ非常に効果的なツールとみなされてきた。その理由は単純明快だ。目標に向かって進むためには、目標に対して自分がどのくらいできているかを確認できなければならないからだ。だが、これから詳しく見ていくように、良いフィードバックは自分のいまの立ち位置だけでなく、何をすればもっと良くなるかを教えてくれるし、他の人たちがどのようにやっているかを知ることによって、取り得る選択肢を広げることもできる。

とはいえ、フィードバックをシステマティックに集約して活用するのはそう簡単ではない。そこで本章では、あなたやまわりの人たちのモチベーションを上げる効果的なフィードバックのフレームワークを、次の3つのルールで説明しよう。

【ルール1】目標までの自分の立ち位置を知る……目標に対して自分がいまどの辺りにいるかを、さまざまな情報から把握できるようにならなければならない。

【ルール2】タイムリーで具体的、すぐに対応可能で、本人の努力に注目したものにする……フィードバックはその人個人に対して、何を継続し何を変えるべきかを明確に示し、できるだけ実際の出来事に即した内容とするのが望ましい。

【ルール3】自分のパフォーマンスを人と比較する……可能であれば、人と比較して自分がどの程度できているかを把握しよう。場合によっては、このフィードバックがもっとも強力な効果を発揮する。

[ルール1] 目標までの自分の立ち位置を知る

幼いころに「ホット・オア・コールド」というゲームをしたことがあれば、フィードバックが非常に役に立つということが実感としてわかるだろう。これは、隠してある宝物を探すゲームで、与えられる情報はいま自分が宝物に近づいているか遠ざかっているかだけだ。たとえば、「コールド、まだコールド、前よりコールド、ウォームになってきた、どんどんウォームになってる、すごくウォーム、ホット、すごくホット！」。こんなふうに別の人が絶えず宝物との距離感を伝え導くことで、最高にホットになったときに宝物を発見できるという遊びだ。

大人の日常においても、このゲームのときと似たようなフィードバックを得る場面がある。たとえば、はじめて運転を覚えたときなどがそうだ。運転はまさに停止／発進の経験の繰りかえしだ。最初はアクセルに足を乗せるだけでも恐ろしく感じる。強く踏みすぎてエンジンが過回転を起こしてしまったり、踏み込みが足りなかったりして、ちょうどよい加減がなかなか習得できないかもしれない。はじめてブレーキを踏んだときも、車がガクンとなったのではないだろうか。だがそのうち、ちょうどよい踏み込み加減や、ハンドルをどのくらい回せば角をスムーズに曲がれるかがわかってくる。

このように正しく操作できるようになるのは、ブレーキやアクセルやハンドルを動かすたびに、瞬時に反応が得られ、車が意図した方向に進んだり進まなかったりするのがわかるからだ。このフィードバックのおかげで、意図した結果を得るにはどのくらいの力加減が適切なのかを学べたわけだ。

この例は、良いフィードバックの重要なポイントを突いている。すなわち、**フィードバックは単なる情報ではない。あるべき状態からどのくらいの距離感にあるかを教えてくれるツールなのだ。**

フィードバックによってあるべき状態からどのくらいの位置にいるかを知ることは非常に効果的で、このことを実証した研究は数多い。消費者市場では、他の買い手からのフィードバック（トリップアドバイザー、イーベイ、イェルプ等で採用されている）がマーケットプレイスを変化させ、もっとも価値のある、または、もっとも質の高いプロバイダーへとビジネスが移行していく、という現象が実際に起きている。たとえば、ローカルビジネスの口コミサイトであるイェルプで

は、5段階のカスタマー評価で★がひとつ増えるごとにそのレストランの翌年の売上は5～9%アップするという。(6・3)

個人的な目標に一生懸命取り組む人の事例研究においても、これと似た現象が見られる。これらの初期の研究に、著名な心理学者アルバート・バンデューラが同僚のダニエル・セルボーネと行なった、学生たちにフィットネスバイクで激しい運動をさせた実験がある。(6・4)

この実験で、学生たちはいくつかのグループに分けられた。運動の最初のセッションが終わったところで、第一グループの学生たちには高い目標が課されたが、途中、フィードバックは一切受けないことになっていた。その目標とは、次のセッションで運動量を40%アップさせるというもので、運動開始から5分後にこの目標のリマインドを受けた。

第二グループにはフィードバックが与えられた。今回のパフォーマンスと前のセッションのときの比較も示されたが、目標は課されなかった。

第三グループには、目標（運動量の40%アップ）と運動中のフィードバックがともに与えられた。(6・5)つまり、この第三のグループだけが、達成すべき目標に対しどのくらいのパフォーマンスができているかというフィードバックを得ていたことになる。

実験の結果、すべての被験者のパフォーマンスが上がったが、目標までの距離感がわかるフィードバックをもらった学生たちは、目標だけ、またはフィードバックだけを与えられた学生たちよりも、2倍以上も高いパフォーマンスを示した。

つまり、**フィードバックの効果を高めるには、自分がいまどのくらいのパフォーマンスを発揮しているかという情報を、目標との関連性で理解することが重要である、**ということだ。

問題は、日々の生活において、この種のフィードバックを得る機会が少ないことだ。個人的な目標や仕事のプロジェクトにはがむしゃらに取り組んでも、一歩引いたところから進捗を振りかえる機会はなかなかない。なぜなら、われわれが達成しようとする目標はたいてい、自分の行動とその結果の関連性を瞬時に理解できる運転教習のようにはなっていないからだ。

行動洞察チームでは、フィードバックがきわめて重要であるにもかかわらず、それがなされていない分野が少なくないことに気づいた。

ニューヨークオフィスの責任者エルスペス・カークマンは、ソーシャルワーカーの意思決定の改善方法を考えていた際、彼らは自分たちの意思決定が長期的にどのような結果をもたらすかを知る術がない、ということに思い至った。つまり、彼らはフィードバックを受けていなかったのである。そこでエルスペスは、ソーシャルワーカーと地元自治体が意思決定の結果を追跡できるフィードバックループの導入を提案した。これにより、どのような状況のどんな意思決定が子どもたちのためになるかというイメージを持つことが可能になる。

ソーシャルワーカーの意思決定というと、自分の目標とはずいぶんかけ離れた話と思うかもしれないが、原理は同じだ。目標について考える際には、目指すべき到達点に対して、いまの自分の立ち位置がどこかを把握できる情報が必要なのである。

あなたが減量を目指してこれまでのアドバイスを実践中だとしたら、長期的な目標を設定し、そこに至るステップを決めているはずだ。フィードバックとは、その途中のポイントポイントで体重を測定し、目標体重にどれくらい近づいたかを確認することに他ならない。

あるいは、ある特定のタイムでのマラソン完走を目指し、そこまでのプロセスをいくつかのステップに分解したら、それぞれのステップに関してどのくらい取り組めているかを把握したいはずだ。たとえば、10キロをどのくらい速く走れるようになったかとか、新たなトレーニングメニュー（傾斜のある場所でのランニングスピードや、ジムで持ち上げられるウェイトの重量等）をどれくらいこなせるようになったか、といったことだ。

新しいアプリやテクノロジーを活用すれば、この種のフィードバックははるかに楽に入手できるようになるだろう。たとえばランニングアプリのストラバでは、走った合計タイムの記録だけでなく、区間ごとに区切って個別のタイムを割り出すことも可能である。このアプリを使えば、長期的に自分のパフォーマンスを把握し、人との比較もできるようになる（これについては本章3つ目のルールで詳しく述べる）。

フィードバックは、その時点で自分がまちがった方向に進んでいないかを確認するためだけのものではない。最終的な目標に対して、どこまで進み、どれほど効果があがっているかをよりわかりやすい形で示してくれるツールでもある。これはわれわれ人間にとって、きわめて重要なポイントだ。人間には、自分が進歩している実感を得たい、という性質があるため、この感覚を最大化するフィードバックの仕組みを考えるのも効果的だ。

コロンビア大学教授のラン・キヴェェッツは、カフェのスタンプカードに関する研究でこの方法の有効性を見事に実証した。それは、スタンプを10個集めるとコーヒー1杯が無料になるカードと、スタンプは12個必要だが最初の2個は「ボーナスポイント」としてすでに押してあるカードの、どちらがより顧客の購買意欲をかき立てるかを調査した研究だった。

どちらのカードも、10個のスタンプを集めなければならないという点ではまったく同じだ。だが、後者のカードは無料コーヒーという目標に向けてすでに取り組みはじめているかのように感じられるため、前者のカードよりもはるかに効果的だという結果が得られた(6・6)。

この「進歩している」という感覚は、やらなければならない日々の些末なタスクが最終目標に直結しているとは思えないような場合に特に意味を持つ。

例を挙げよう。われわれはジョブセンターの案件で職探しのためのタスクリストをつくり、求職者がタスクをこなすごとにリストから消し込んでもらうようにした。リストの最初のほうには、あえて比較的簡単なタスク（所定フォームに記入する、ミーティングに出席する、求人情報サービスに登録する等）を並べた。このちょっとした工夫により、求職者は前進しているという実感が得られるし、よりハードルの高いタスク（履歴書を書き上げる、採用面接に行く、職業訓練を受ける等）に取り組もうというモチベーションも高まる。

ここでも、目標までのいまの自分の立ち位置を知ることが重要だということだ。もっとも、目標への道のりは思っていたほど遠くないという感覚を与えてくれる工夫は他にもたくさんある。

このひとつ目のルールのポイントは、目標までの自分の立ち位置を知ることだ。どのくらい減量できたか、マラソンのトレーニングは順調か、職場のチームは年間のパフォーマンス目標をどこまで達成できているか――**どんな目標であれ、いまの自分が達成までの道のりのどのあたりにいるのかわからなければ、なかなか先には進めない。**

この点が確認できたら、次はもっとも効果的なフィードバックの与え方と受け取り方について議論を進めよう。われわれの取り組み姿勢にもっとも影響を与えるものとは？　次のセクションでは、その具体的なディテールに迫ろう。

［ルール2］タイムリーで具体的、すぐに対応可能で、本人の努力に注目したものにする

カリフォルニア州ガーデングローブでは、スクールゾーンを高速で走る車が多いことが問題となっていた。2003年、ダン・カンデラリアは同僚の交通工学の専門家たちとこの問題の解決に乗り出した。(6・7) 制限速度の標識を目立たせる、スピード違反の罰金を引き上げる等々、ダンはさまざまな解決策を試みたが、どれも目立った効果はなく、スクールゾーンで衝突事故に遭う歩行者や自転車の数は依然として高いままだった。

そこでダンは、まったく新しいアプローチを試してみた。ドライバーに、いま、どのくらいのスピードで走行していたかのフィードバックを与えることにしたのだ。

具体的には、「Your Speed《あなたの速度は》」と書かれた大きな電光掲示板にレーダーセンサーを取りつけ、そこを通過するドライバーにリアルタイムで速度情報を与えた。ただし、スピード違反を取り締まるカメラや罰金といった従来の手法とは異なり、このアプローチでは、金銭的ないし法的な

罰則は一切伴わせなかった。ダンはフィードバックの力に賭けた。人びとを規則に従わせるにはムチが必要だという従来からの考え方にあえて挑んだのだ。ダッシュボードに表示されている速度情報をただ単にドライバーに知らせるだけで、彼らは速度を落とすだろうという直感があった。そして、彼の直感は当たった。

ガーデングローブのプロジェクト以降、レーダー技術は目覚ましい進歩を遂げ、この技術を搭載した掲示板のコストは大幅に減少した。その結果、「Your Speed」の掲示板は世界中の道路に急速に普及した。[6-8] どこにでも見られる標識となったいまも、スピード抑制効果は平均10％を保っており、数マイル先まで効果が持続するため、スピード違反車の取り締まりに大きな成果をあげている。実際、ドライバーの運転習慣を変えるには、レーダーガンを手にした警察官を配備して交通違反の切符を切るよりも、この標識のほうがはるかに効果的だとする考え方が、いまや交通工学や安全の専門家の間で主流となっている。[6-9]

罰則や新たな情報がなくとも、この非常にシンプルでピンポイントなフィードバックによって、世界中で交通事故死の発生件数は抑え込まれているのである。

この速度標識には、**良いフィードバックに求められる3つの要素——タイムリーで具体的、かつ、すぐに対応可能であること——**がすべて備わっている。

カリフォルニアでスピードを出しすぎたことを5カ月も経ってから注意されたところで何の役にも立たない。可能なかぎり、起こった直後にフィードバックを与えることが重要だ。そうすれば、言われた方はその場ですぐ対処できるからだ。標識はリアルタイムで情報を与えることで、これを実に見事に実現している。

それだけではない。標識が示しているのは各ドライバー固有の具体的情報だ。そのエリアを走行する車の速度の平均値でもなければ、「スピード出しすぎ」という一般的な注意喚起でもない。速度超過している車に対して、どのくらい超過しているかをピンポイントで知らせているのである。

これは、良いフィードバックのおそらくもっとも重要な3つ目の要素である、すぐに対応可能かということにもつながっている。標識の真の狙いは、ドライバーにその場ですぐに何らかの対処をさせるということにある。**つまり、良いフィードバックとは、人にそれまでとは違ったことをさせる（あるいは、うまくいっていることは継続させる）ためのツールを与えることなのだ。**

この手法は、スピード違反のような、リアルタイムで簡単に計測可能な分野にのみ適していると思うかもしれないが、同じ手法がより複雑な分野でも多数導入されていることをご紹介しておこう。

一例として、教育基金財団EEFは、生徒にタイムリーで具体的、かつ、すぐに対応可能なフィードバックを与えることは、生徒の学業成績を向上させるうえで、きわめて費用対効果の高い重要な施策であると指摘している。[6-10] **生徒が優れたパフォーマンスを見せたら、単に「正しい」とだけ言うのではなく、パフォーマンスの直後に「とてもよくできていましたよ。なぜなら……」と説明することが最低限必要ということだ。**

また、単にまちがっていることを指摘するのではなく、どうやったら改善できるかを具体的に指導することも必要だろう。ＥＥＦでは教育におけるベストプラクティスの研究を数多く行なっているが、良いフィードバックこそが学校現場に取り入れるべき、もっとも効果的な施策のひとつであると指摘している。

フィードバックを受けた生徒たちには、実に８カ月分の学習と同等の進歩が見られたとされ、宿題（中学校では5カ月分、小学校では1カ月分の学習と同等）や授業時間の延長（2カ月分の学習と同等）といった一般的な施策よりも、はるかに効果がある。しかも安価ときている。良いフィードバックの仕組みを導入するには、教員の研修期間やその間の代替教員の任用コストを織り込んでも、生徒ひとりあたり１００ポンドにも満たない。

フィードバックの３つの要素といわれて、当たり前だと感じるかもしれない。だが、実社会では、フィードバックが頻繁に行われているとは言いがたい。

世界中どこでも、組織のなかでフィードバックといえば、いまだに年に１回のパフォーマンスレビューで行われるもののみを指す場合が多い。しかも、年度末にパフォーマンスレビューを受けたことがある人ならだれもが感じることだが、そこで得たフィードバックはたいていすでに時機を逸したものとなっている。多くの場合、フィードバックの内容は具体性に欠けるため（1年分のパフォーマンスをカバーするレビューで、具体性など期待できようか？）、それを受けてどう対処すべきかなどわかるはずもない。

そのため、年度末のパフォーマンスレビューという従来のやり方をやめる企業が世界中で相次いでいる。全世界で30万人以上のスタッフを抱えるコンサルティング会社のアクセンチュアでは最近、年1回のパフォーマンスレビューに代えて、プロジェクト終了時にフィードバックセッションを行い、短時間で直近の具体的な振りかえりを行うようになった。(6・11)

行動洞察チームでは、年度末のレビューは完全になくしてはいないが、社内で導入したオンラインのフィードバックシステムを通じて、プロジェクトが終わるごとに、今後も継続すべき良い点について（または変えるべき点について）、チームを組んだスタッフ間でタイムリーなフィードバックを与え合うことにしている。

もうひとつ、良いフィードバックの与え方と受け取り方に関して、行動科学の研究からわかったことがある。これを理解するため、いま一度学校現場に戻ってある実験を見てみよう。

一般に、生徒が学校の授業やスポーツやその他さまざまな分野で成果を出したら、その子が生まれ持った知性や能力を褒めるのが正しい褒め方だとされている。たとえば、ある生徒がテストで高得点を取ったり、すばらしい絵を描いたりしたら、すごく優秀だねと声をかけるのはごく自然な褒め方のように思える。

しかし、実験当時コロンビア大学に在籍していたふたりの研究者、クラウディア・ミューラーとキャロル・ドゥエックはこの点に注目し、生まれつきの知性を褒めるとネガティブな影響が生じるのではないかという問題意識を持った。

たとえば、数学に天性の才能があると褒められた人が、次のテストで失敗したらどうなるだろう？　自分の能力に自信が持てなくなり、自分の能力不足を露呈しかねない難しいタスクへのチャレンジを避けるようになるのではないだろうか？　この点を懸念したふたりは、これらの問題に対する解を見い出そうと、小学生を対象に短い制限時間内で一連の問題を解かせる実験を行なった。(6-12)

子どもたちは3種類のタスクを課され、それぞれに対して研究チームからフィードバックが与えられた。だが、そのフィードバックの内容は実際に子どもたちがとったスコアとは関係ないものであることは知らされない。

最初のタスクでは、みなよくできた（正答率は80％以上だった）と告げられたが、その高成績の理由に関しては、ふたつの異なるフィードバックがなされた。一部の子どもたちは能力を褒められ（「こんな問題が解けるなんて頭がいいんだね」）、その他の子どもたちは努力を褒められた（「よく頑張ってこの問題を解いたね」）。

次に、子どもたちはもっと難しいタスクを課され、今度はみな出来が悪かった（「正答率は50％に届かなかった」）と告げられた。だが、このふたつ目のタスクは実験の真の狙いではない。研究チームが探りたかったのは、前述のふたつのグループがそれぞれ3つ目のタスクに挑戦したとき、どのような反応を示すかであった。持って生まれた能力を褒められたのに、次で挫折を経験した子どもたちの3つ目の成績は、最初のタスクで努力を褒められた子どもたちよりも低くなるだろうか？

結果は「イエス」だった。最初のタスクで生まれつきの知性に言及したフィードバックを受け、ふたつ目のタスクで挫折を経験した子どもたちは、3つ目のタスクで著しく成績を落とした。3つ目のタスクは慣れた問題だったにもかかわらず、最初のタスクよりも正答率は低かった。

これに対し、努力を褒められた子どもたちの成績は大きく向上した。根気強く問題に取り組む傾向が見られ、次のタスクについても「賢いところを見せられる得意な問題」ではなく、自分の学びを深められる問題を選んでいた。

持って生まれた知性を褒められた子どもたちは、成績は自分の能力の表れと捉えていたため、次で悪い成績をとったのは自分の能力不足のせいだと思ったと考えられる。他方で、努力を褒められた子どもたちは、自分の成績は持って生まれた能力のおかげだとは考えなかった。そして、次のタスクではより一層頑張って取り組む様子を見せた。なぜなら彼らは、一生懸命努力することが成功につながることを学んでいたからだ。(6・13)

この独創的かつ画期的な研究を踏まえ、ドゥエックは同じコンセプトをさまざまな分野に応用した。そしてその多くは、個人の目標達成にも役立つものだった。彼女はこのコンセプトを2種類の「マインドセット」を用いて説明している。

ひとつは**「フィックスド・マインドセット」**と呼ばれるもので、われわれの資質はあらかじめ決まっているとする考え方だ。この考え方のもとでは、事あるごとに自分の能力を示しつづけなければならない。先の実験で生まれ持った知性を褒められた子どもたちは、このフィックスド・マインドセットで考えるように仕向けられていたわけだ。

もうひとつは**「グロース・マインドセット」**と呼ばれるもので、自分の基本的な資質は努力によって高められるという考え方だ。(6・14)努力を褒められた子どもたちはこちらの考え方を採っていた。実験結果を踏まえ、ドゥエックはこう指摘する——能力は人それぞれで異なるが、「だれもが努力と経験によって変化し、成長することができる」。

持って生まれた才能ではなく、努力や粘り強さを褒めることができれば、自分やまわりの人たちの目標達成の可能性は高くなるにちがいない。

つまり、良いフィードバックとは、目標までの自分の立ち位置を知ることだけに留まらない。

いつフィードバックを与えるかも重要で、事が起きてから、できるだけすぐがよい。また、フィードバックは具体的ですぐに対応可能なものであることも欠かせない。フィードバックを踏まえて、すぐに何らかの対処ができる、ということが肝要なのだ（すでにやっていることを継続すべきというフィードバックもあり得る）。

最後に、生まれつき何かに秀でていることを褒めるよりも、タスクに向かう努力や粘り強さを後押しするほうがはるかに効果的だということもおかわりいただけただろう。

[ルール3] 自分のパフォーマンスを人と比較する

第2章で、プランニングを促すと選挙の投票率が上がることを説明した。投票率のわずかな変動が選挙結果を左右し得ることを考えると、これ自体が興味深い研究対象であるが、他にも効果的なツールがある。なかでも注目されるのが、投票日の前後に行う、人との比較のフィードバックだ。

2006年8月、アメリカ、ミシガン州の予備選挙に向けた選挙期間中に、居住地域でグループ分けされた約18万世帯を対象にある実験が行われた。(6・15) アメリカで選挙が実験のエビデンスソースとしてよく利用されるのは、投票実績(投票したかどうかの記録であり、だれに投票したかではない)が公開されており、何らかの働きかけ(非常に強い社会的圧力を利用した手紙を有権者に送る等)が行なわれたときにどんな変化が起きたかを検証しやすいからだ。

実験では、一部のグループに、有権者の義務として投票に行くよう呼びかける手紙が送られた。文面には「投票に行こう！――有権者の義務を果たしましょう」と書かれていた。別のグループには、世帯員それぞれのこれまでの投票実績を記載するという、社会的圧力を強化した手紙が送られた。２００４年の予備選挙と本選挙で投票した人は名前の横に「投票済み」と記され、投票しなかった人には該当箇所が空欄のものだった。もっと効果を高めたい場合には、選挙後に更新された投票実績のリストが改めて送付されることまで明記された。

これでもやりすぎな感があるが、研究グループは最後のグループに対してさらに踏み込んだ内容の手紙を送った。前のグループの手紙と同様、世帯全員の投票実績に加え、隣近所の人たちの投票実績まで記載したのだ。このグループも、リストは選挙後に更新されると説明された。つまり、世帯全員が隣近所の人たちの投票実績を知るだけでなく、自分の投票実績もみなに知られることになる、ということを意味していた。(6・16)

この実験は、有権者を投票に行かせるきわめて有効な方法を明らかにした。実際、研究グループもこの結果に大きな衝撃を受けたという。有権者の義務として投票を促す手紙も一定の効果はあった。だが、世帯員に自分たちの投票実績をリマインドする手紙のほうがはるかに大きな効果を及ぼした。このグループの投票率は一気に16％も跳ね上がったのだ。さらに、隣近所の人たちの投票実績も示した手紙は最大の上昇率をもたらした。実に27％を超える驚くべき上昇となったのだった。(6・17)戸別訪問で直接投票を呼びかける以外の方法としては、かつてない驚異の上昇幅となった。

われわれは人にどう見られているか、人と比べてどうかをひどく気にするものだ。まわりの人たちの言動にも大きく影響される。これは行動科学の分野で「社会規範」と呼ばれるものと関連している。社会規範とは、特定の社会や集団の価値観や行動や期待のことで、そこに属する人たちの行動を規定するものだ。多くの人たちが何をしているかを知ると――これを「記述的社会規範」(6・18)という――根底にあるモチベーションが強化されることが、さまざまな研究からわかっている。

これには理由がある。**われわれは人の行動に強く影響を受けるだけでなく、人が本当は何をしているかを知らないがために、人がとっている良い行動を過少評価しがちなのだ。**(6・19)つまりわれわれは、実際はそれほどではないのに、他の人たちが税金逃れをしたり、脂っこい食べ物をたくさん食べたりしていると思っているし、運動などほとんどしていないにちがいないと思い込んでいるわけだ。

だからこそ、ここにチャンスがある。一般的な社会規範を理解し伝え合うことで、自分や人のモチベーションアップに役立てることができるのだ。

行動洞察チームでは、さまざまな形でこの手法を活用し、人びとの行動変容を促してきた。本章冒頭の開業医の事例もそのひとつである。専門職ではよくあることだが、医者はただでさえ自分自身のことに意識が向きがちであるのに、自分が同業者にどう見られているかや、一般的な社会規範に則っているかについてひどく気にする傾向があるため、この手法が有効だったわけだ。

この手法がもっとも顕著な効果を発揮するのは納税を促す事例だろう。何万人といる税金滞納者たちのもとには、あの手この手で記述的社会規範に訴える督促状が送られた。**「10人中9人が期限内に税金を納めている」**と伝えるだけでも納税を促す十分な効果があり、裁判沙汰にならずに済むようになった。また、記述的規範の内容が具体的なほど高い効果が得られることもわかった。**「あなたの地元の大多数の人たちが期限内に納税している」**と伝えると、一般的なメッセージよりも効果が上がった。これを上回る効果があったのが、**「あなたのような滞納者の大半がもう納税を済ませている」**というメッセージだ。

納税の督促状にこうした小さな変化を盛り込む試みは、イギリスの税務当局である歳入関税庁（HMRC）による大規模な介入プログラムの一環で実施された。同プログラムにより、HMRCには2億ポンド超の税収がもたらされ、その後、この取り組みを継続するため、HMRC内に税金に特化した専門組織、行動顧客洞察チームが創設された。

だからといって、あなたのパフォーマンスを地域の人たちと比べた手紙を、わざわざだれかに頼んで書かせようと言っているのではない。これとまったく同じことができる多様なアプリやウェブサイトがここ数年で急増している点に注目したい。これらのツールの多くが比較フィードバック情報の提供をメインサービスとしており、利用者は他の人と比較して自分がどの程度できているかを確認できるようになっている。

ひとつの例がフィットビットだ。運動量の測定が可能なウェアラブル端末で、このアプリでは、自分のパフォーマンスを友人と簡単に比較でき、互いに競い合うセッションをつくることも可能である。

一例を挙げると、オウェインはシンガポールにいたとき、行動洞察チームのシンガポールオフィスの責任者であるサム・ヘインズと歩数競争を行なった。1週間の間に、どちらがより多くの歩数を稼げるかを競い合ったのだ。結局、勝ったのはサムだったが、ふたりとも、競争がなかった場合よりも多くの歩数を記録した。

行動洞察チームのオーストラリアオフィスのスタッフであるカレン・ティンダルは、これらのアプリの競争的側面に着目し、比較フィードバックが個人レベルだけでなく集団レベルでも効果があるかを検討するため、チャリティーキャンペーンのモーベンバー［訳注：男性特有のがんの認知度や健康意識を高めていこうとするキャンペーン］と協力して、ある大規模な実験を行なった。不動産会社レンドリースの社員に補助金で割安になったフィットビットを提供し、運動レベルの向上を促すために歩数の測定を実施したのだ。

参加した総計50チーム（646人で構成）は、2種類のフィードバックのいずれかをランダムに与えられた。一方のグループは、どのチームがリードしているかを示す一般的なスコア情報を与えられた。これに対しもう一方のグループは、同じくチームのパフォーマンスに関する情報を与えられたが、これに加えて、現時点で自分のチームが何位か、1位のチームとの差はどのくらいか、チームのだれがもっとも貢献度が高いかも伝えられた。

彼らは、グループ単位での具体的なフィードバックを受けたことで、他チームとの比較で自分たちの達成度を把握することができた。これによって、チームとしてのパフォーマンスが上がっただけでなく、チーム内でもっとも運動が苦手でサポートが必要だった人たちに特に大きな効果が表れるという、驚きの結果も得られたのである。

この手法は、組織全体のレベルでも適用が可能だ。

想像してみよう。あなたはイギリス政府内のある大きな部署の責任者だ。時は2010年。何千人ものスタッフを監督する立場にありながら、政府の目標を達成しなければならないという大きなプレッシャーにも晒されている。すでにこんなにも考えなければならないことがあるというのに、首相が突如全部署に二酸化炭素排出量を10％以上削減するよう指示したとしたら、あなたはどう思うだろうか？

医療サービスの改革や国の外交政策目標の実現に注力しているあなたにとって、排出量の削減はこの先1カ月に取り組むべき最優先事項ではない。だが、全部署の排出量削減の達成度がランクづけされ、そのデータ一覧が各部署の責任者が集まる週ごとの定例会議の場で共有されるとしたらどうだろう？　あなたが保健省の職員で、自分のパフォーマンスが同僚よりもいいか悪いかが瞬時に「見える化」されるとしたら、今度はどう思うだろう？　あなたの行動は影響を受けるだろうか？

これは、2010年にわれわれが実施に協力した実際の事例で、2011年までに部署レベルでの二酸化炭素排出量は軒並み激減した。すべての部署が10％削減を達成し、一部の部署（エネルギー・気候変動省等）に至っては、10％を大幅に上回った。

この結果から、比較フィードバックはあらゆる領域で有効といえそうだ。

ただし、だからといって、あまり先走ってこの手法を採用すべきではない。ひとつ重要な点に注意しないと、かえって逆効果となってしまうからだ。どういうことかというと、比較フィードバックを通じてまわりの人たちが望ましくない行動をとっていることを知ると、期せずしてネガティブな社会規範が強化されやすいのである。重要な社会課題の認知度を上げたいという当局の善意の意図とは裏腹に、みなが好ましくないことをしている事実が逆に広まってしまうことになりかねない。

病院によくある「予約には必ず来院してください」というお願いの掲示などもこうした例のひとつで、かえって来院者数を減らしてしまっている。「みんながやっている」事実が明らかになることで、防ごうとしている行動を逆に促してしまうというわけだ。(6・20)

したがって、**あなたやまわりの人たちが運動や禁煙や減量に挫折しそうなときは、みんなも挫折しているという「記述的社会規範」は持ち出さないほうがよい。**

ありがたいことに、こういう逆効果を軽減する方法はいくつかある。

ひとつは、だれに向けてメッセージを送るかをまちがわないことだ。先の医者の実験では、ターゲットにしたのは抗生物質をたくさん処方していた医者であり、あまり処方していない医者ではなかった。だれをターゲットにするかに注意すれば、常に他の人たちのほうが望ましい行動をとっているように見せられるだろう。

もうひとつは、すでに高いパフォーマンスを示している人に効果的な方法で、比較情報とともに、その人がどのくらいできているかを示す総合評価も伝えることだ（行動科学ではこれを「命令的規範」と呼ぶ）。順調に成果が出ており、その調子で継続すべきであるということを、高いパフォーマンスを示している人に伝えれば、ネガティブな結果を回避することができる。

これらの比較フィードバックの事例から、**人は自分のパフォーマンスの絶対評価だけを気に**

しているわけではないということがよくわかる。絶対評価と同じくらい、いや、ときにはそれ以上に、相対評価を気にするものなのだ。

最高レベルの人たちはまさしくそうだ。オリンピックの短距離選手は、自分の100メートルのタイムだけを気にしているわけではない。競う相手よりも速いか遅いかと、メダルの色を気にしているのだ。オリンピックで銀メダルと銅メダルを獲った選手のリアクションの研究によれば、銀メダルの選手のほうが幸福度が低いという。彼らは、金メダルを惜しくも逃したと考えるのに対し、銅メダルの選手は、とにかく表彰台に上がれてよかったと考えるかららしい。(6・21)

この現象は人生のあらゆる場面で当てはまる。現にわれわれも、自分の給料がいくらかだけが重要なのではない。同じような仕事をしている人と比べて多いか少ないかを気にするものだ。ハードルの高い目標を目指すときも、自分がどのくらいうまくやれるかということだけでなく、同じことを他の人がもっとうまくやるかどうかも気になるものであり、それがモチベーションになったりするわけだ。その意味で、**自分を向上させるには、比較情報をうまく利用することだ。**そうすれば、目標達成も近づくにちがいない。

フィードバックは目標達成には欠かせない要素だ。だが、これまで見てきたように、仕事や趣味の重要な局面において、いまの自分が、目標とする到達点からどのくらいの位置にいるかをうまく把握できない場合もある。新たなテクノロジーが大きく進歩しつつあるいまこそ、良いフィードバックを得るにはどうしたらよいかを考えはじめるべきだ。

かつては熱心な会計係でもなければできなかった支出の管理や分析も、いまならリテールバンキングのアプリで難なく可能だ。メーターを使えば、かつてはできなかったエネルギー使用量の把握も可能だ。フィットネストラッカーがあれば、正確な歩数に至るまで運動レベルをモニターできる。企業の現場でも、社員が（年度末にのみ行われるあの恐ろしい業績評価ではなく）年間を通してより頻繁にフィードバックを受けられる新たなメソッドが開発されつつある。

だが、これらの新しいツールを利用する際には、情報さえ与えれば効果が得られると安易に考えてはならない。重要なのは、第一に、目標までの自分の立ち位置が把握できるものでなければならないということ。第二に、次のパフォーマンスを向上させるには何をすべきかがわかるものでなければならないということ。だからこそ、具体的で個人的、かつ、すぐに対応可能で、生来の才能ではなく努力に注目したフィードバックが何より役に立つ。与えられた情報をもとに自分に何ができるかを考えられるからだ。

最後に、自分に関する情報が得られるだけでも有意義だが、さらに、人との比較で自分がどの程度できているかを把握できれば、目標達成が一段と早まるにちがいない。

第7章

あきらめない

シドニーのノーザンビーチズは世界有数の美しいビーチだ。野生動物が暮らす国立公園に沿って、金色の砂浜が何マイルも続いている。一方は太平洋を臨み、もう一方はシドニーの街を見渡せる美しいベイエリアだ。ここでは、朝、フェリーで仕事に向かう前にビーチで泳いだりサーフィンを楽しんだりできる。これが多くの住民の日常の光景だが、一部の人たちにとってははるか遠い夢物語だ——少なくとも、ブラッドはそう感じていた。

16歳で学校をドロップアウトしてから、しばらくの間、生活費を賄うためだけの仕事が続き、長期的な見通しは一向に立たなかった。2年間の間に短期の仕事を転々と渡り歩いた。DVDショップの店員、サーフショップのアシスタント、人気のビーチに並ぶカフェやレストランのバースタッフや給仕係といった具合だ。

そんなブラッドの心に火がついたのは、ちょうど店で給仕をしていたときだった。客に出していた料理の味や香りに興味が湧いたのだ。なかでも特に惹きつけられたのは、いつも客に好評の網焼きステーキ、ラム肉、ポークチョップといった肉料理だ。18歳になるころには、もう短期の仕事を転々とするのはやめようと考えるようになっていた。情熱を傾けられる道に進もう、たとえそれがゼロからのスタートで、給料が下がることになっても構わないと。

だが、どこから手をつけてよいのかわからない。悶々としながら数週間が経ったころ、地元の精肉店で見習い募集のチラシを目にした。ちょうどこのころ、店主のグレンは途方に暮れていた。店の最後の見習いのふたりが、4年間の修行期間が始まってわずか数カ月で辞めてしまったからだ。これに懲りたグレンは、今度はこれまでとは違うやり方をしようと心に決めていた。

ブラッドからの応募の問い合わせに対してグレンは、強引に引き込むようなことはするまいと考えた。そして、精肉店の見習いとはどんなものかをあえて包み隠さず話して聞かせることにしたのだ。朝は早く夜は遅い、来る日も来る日も安い肉をひたすら切り刻んだり、床掃除や片づけに明け暮れたりといった、単調作業の繰りかえし。挙げ句の果てに、4年間の修行を終えても、精肉業界のヒエラルキーの底辺にやっと立てるに過ぎない。

ブラッドのような若者の多くは、現実とかけ離れた期待を修行に対して抱いているにちがいないとグレンは思っていた。見習いの40％が4年間の修行期間を全うできず、しかも、その約半数が最初の1年以内で脱落しているのも、それが理由だろうと思われた。

グレンは、初日からキツい仕事になるということを、ブラッドにはっきり伝えておこうと考えた。ところが、ブラッドの決意が固く、肉に対する情熱が本物であることを知るにつれ、グレンの態度は変わりはじめ、説明の仕方も変化していった。肉を切る練習をコツコツ続けるのも、長い目で見れば大いにためになる経験だということ、安い肉から徐々にステップアップし、そのうち最高級ステーキを扱えるようになること、さらに、もしブラッドがあきらめずに頑張る気があるなら、自分の知識と経験をすべて教え、一人前の精肉業者になれるようサポートするとグレンは話した。スキルを磨き、学んだことを振りかえり、もっと深めたい分野をじっくりと考えられるよう、十分な時間と場所を与えるとも説明した。

このときグレンが言ったことが、ブラッドに不思議な効果をもたらした。長い間、先のない仕事を転々としてきただけに、情熱を持って何かに打ち込むことが、こんなにもやりがいにつながるのかと身に染みてわかったのだ。修行してみないかとグレンに言われたとき、ブラッドは必ずやり抜こうと心に決めたのだった。

修行は厳しいものになることを見越して、ブラッドは長期にわたる高い目標を立てた。修行が始まってからは、毎日何時間もひたすら肉を細かく切ったり、ソーセージや骨付き肉の下ごしらえをしたり、床や冷蔵庫を掃除したりして下積みを積んだ。そして、これらの作業に集中して取り組むうち、その積み重ねが実を結びはじめ、自分でも自信が持てるようになってきた。グレンも次第にブラッドが新しいことを試せる場を与え、彼がもっとも興味のある分野――加工肉をつくること――で自分なりのアイデアや調理法を試せるようサポートした。

ブラッドは、ローリーと、ニューサウスウェールズ州政府内の行動洞察ユニット所属のエドウィナと話をした際、これまでの苦労が報われつつあり、これが自信となって以前よりも高い目標が持てるようになったと語った。

ここでブラッドが得た教訓は明確だった。長期的な目標を達成するには、それに多くの時間を注ぎ込む覚悟がいるし、努力を要する作業も必要であること。また、その過程で自らの成功や失敗から学ぶ姿勢も求められるということだ。

これまでの章では、目標達成に役立つツールやテクニックを扱ってきたが、本章では少し切り口を変え、長期的な目標、特に、学びつづけることが必要な目標を達成するために、これらのツールをいかに活用するかに焦点を当てる。目標をあきらめずにやり抜くためのルールは次の3つだ。

【ルール1】練習の質と量を高める……時間をかけてパフォーマンスを向上させることが求められる目標なら、練習の質と量のどちらも重要であることを心に留めておく。

【ルール2】試しながら学ぶ……目標を個々のステップに分解したら、小さな部分を変更してみて効果があるものないものを見きわめ、パフォーマンスの向上を図る。

【ルール3】振りかえりをして自分の成功を祝う……うまくいったこと（や、うまくいかなかったこと）をじっくりと振りかえり、達成したことを自分で祝ってから次の目標に向かうようにする。

[ルール1] 練習の質と量を高める

英単語の綴りの正確さを競うコンテスト、全米スペリング・ビーの2006年大会決勝。約300人の出場者はそれぞれ各地のスペリングコンテスト優勝者であるが、対戦ごとに単語はどんどん難しくなり次々と脱落していく。アメリカのテレビでゴールデンタイムに生中継されるコンテストだけに、決勝に残った若い出場者ふたりには、とてつもないプレッシャーがかかっていた。

カナダ出身の14歳、フィノーラ・ハケットに出されたお題は「weltschmerz」——世界の現状が本来あるべき状態のようになっていないことから来る絶望感を意味する単語だが、ここまでの19ラウンドを完璧にクリアしてきたフィノーラが、この言葉で脱落することになったのは何とも皮肉だ。

次のニュージャージーから来た13歳のキャサリン・クローズは、今回が5度目の挑戦で優勝を狙っていた。出されたお題は「Ursprache」――仮説的な「親」言語（祖語）を意味する言葉で、キャサリンのスペリングは正しかった。彼女は喜びを噛みしめながら、大きな黄金のトロフィーを受け取った。続く優勝インタビューは、10代の若き言葉の達人というより、サッカーのスター選手に向けられたもののようだった。

「本当に信じられません」と彼女は言った。「あの単語のスペルはわかっていたけど、ただもうびっくりしちゃって」

あの晩、この大会をテレビで見ていた多くの人たちも、子どもたちの才能にさぞかしびっくりしたことだろう。彼らの年の2倍も3倍もある大人たちですら耳にしたことがない単語の綴りを彼らは正確に記憶しているのだ。キャサリンの優勝は彼女の持って生まれた超人的才能の賜物だとみなが思ったのは無理もない。彼女は生まれながらの天才なのだと。

多くの人はこのように思い込みがちだが、行動科学者は違う。人がどのようにして並外れたことをするのかを研究対象とする彼らは、このようには考えない。

キャサリンの優勝に特に興味を持ったのがペンシルベニア大学心理学部教授のアンジェラ・ダックワースだ。彼女は幼少期に父親から「お前は天才ではない」と言われながら育ったという話はよく知られているが、そんな彼女がこのテーマに興味を持ったのはごく自然なことといえよう。その彼女が、後に、「天才賞」とも呼ばれるマッカーサー賞――受賞者には使用制限のない賞金62万5000ドルが贈られる——を受賞することになるとは嬉しい皮肉と言うべきだろう。

ダックワースは何が成功や目標達成の原動力となるのかという研究に取り組んだ結果、才能は厳然と存在するものの、それだけではないという結論に至った。では、普通の人と偉業を成し遂げる人との違いは何かというと、情熱と粘り強さが絶妙に融合されたもの——彼女はこれを「grit《グリット》」と呼んでいる——を持っているかどうかであるという。彼女はこのgritでキャサリンや他の出場者たちの偉業を説明できるのではないかと考えた。

そこで、ダックワースの研究チームは、スペリング・ビーで上位を獲る人たちがどんな資質を備えているかを調査すべく、決勝戦の前にファイナリスト全員とコンタクトをとった。どのくらい練習したか、より多く練習した人のほうが上位を獲ったか、練習内容が結果に影響するかといったことが調査のポイントとなった。

この種の研究は、スポーツや楽器やスペリングの分野で、生まれながらの才能に恵まれた人たちがいるという考え方に真っ向から挑むものだ。ダックワースの研究チームが得た結果では、練習量の多い子のほうがコンテストで勝ち進む確率が高かった。これは概ね予想どおりの結果であったため、彼女の次なる関心は、どんな練習をしたかによって成果が変わるかという点に絞られた。

研究チームは出場者たちが行なった主な学習を大きく3つのカテゴリーに分類した。第一のカテゴリーは言葉を使った遊びで、楽しみのために本を読んだり言葉遊びをしたりすることだ。第二のカテゴリーは他の人やコンピューターから出された問題に答える方法、第三のカテゴリーは、スペリングや言葉の語源について独学する、というものだ。

ダックワースたちがもっとも注目したのはこの第三のカテゴリーだった。その理由は、これが、パフォーマンス向上のための意識的な努力と定義される**「限界的練習」**にあたるものだったからだ。(7-1)

スペリング・ビーのファイナリストたちにとって、言葉を使った遊びは単純に楽しくて努力もいらなかったのに対し、この限界的練習は彼らがこれまで取り組んだなかでもっとも楽しくない、努力を要する活動だったにちがいない。だが、ダックワースが分析したデータによると、限界的練習に取り組んだ子のほうがコンテストで勝ち進む傾向が強かった。つまり、**勝ち進む子というのは、この楽しくはないが力がつくスペリング攻略法に粘り強く取り組んだ子たちだったのである。**

生まれ持った才能が成功を保証しないのと同様に、何も考えずにただ漫然と練習をしても成功には結びつかない。練習の量だけでなく、質も大いに関係するのである（そして、少しの運とまわりの人のサポートも必要だ）。この点が注目されたのは、この考え方がマルコム・グラッドウェル著『天才！成功する人びとの法則』（勝間和代訳、講談社）等の書籍で紹介されたある仮説と真っ向から対立するものだったからだ。

これらの書籍では、偉業を達成した人たちの事例を多数分析した結果、おおよそどんな分野でも1万時間の練習を積めば習得できると結論づけている。グラッドウェルは、心理学者のアンダース・エリクソン（同氏はダックワースと共同研究の実績がある）が1993年に発表した、当時ほとんど注目されなかったある論文をもとにこの主張を展開した。エリクソンはベルリン音楽学校のバイオリン科の学生たちを調査した結果、もっとも優秀な学生たちは、20歳になるまでに、他の学生たちよりもはるかに多い平均1万時間もの練習を積んでいたことを突き止めた。

だが、この発見に注目したグラッドウェルの議論はここから破綻しはじめる。グラッドウェルはこの発見を他のほとんどすべての分野に適用したのである――ビートルズはその活動初期にハンブルクのクラブで1万時間の演奏練習を積んでいた、ビル・ゲイツは約1万時間を費やしてコンピューターのプログラミングスキルを磨き、世界有数の高収益企業を創業するに至った、等々。

後にエリクソンも指摘しているとおり、この議論は理屈に合わない。まず、バイオリン科の学生たちは練習時間が平均1万時間に達していてもまだ学生であり、それ以降何年も彼らは練習を積み重ね、累計時間はもっと長くなるはずだ。この数字が平均値である点もそうだ。実際は1万時間を優に超えていた学生もいれば、これを大きく下回る学生もいた。

さらに、この議論では、そもそも他の分野の習得にも同じくらいの時間が必要かということすら十分に掘り下げられていない。たとえば、国際的なピアノコンテストの優勝者は30歳以上の場合が多く、その年齢に達するまでに彼らは2万〜2万5000時間におよぶ絶え間ない練習を積んできているはずだ。

エリクソンの主たる論点は、最適な平均値の測定方法などではなかった。彼がその研究において重点的に言及している「限界的練習」とは、かなりの努力や具体的行動計画を伴い、途中でフィードバックを受けながら、もっとも高い学習効果が得られる限界ギリギリまで自らを追い込む練習内容を指す。これに対しグラッドウェルは、練習の質ではなく量にのみフォーカスした議論を展開したのである。(7-2)

本書は一部の突き抜けた人たちについて論じるものではない。ごく普通の人たちが、小さな変化の積み重ねによって日々の目標を達成する方法について書いたものだ。

長く続けてきたものがあっても、どこかの時点で限界的練習に耐えられなくなり、スキルがそれ以上伸びなくなってしまった経験はだれにでもあるだろう。例を挙げよう。ローリーは長年サッカーを続けてきて、高校や大学ではそこそこ注目される選手だった。この間、4500〜5000時間をサッカーやトレーニングに費やしてきたという。だが、残念ながらワールドカップで活躍するような選手にはならなかった。高校や大学時代、あるいは職場のチームで何百回とトレーニングをこなしてきたとはいえ、これらはたいてい、軽いフィットネス運動や基礎練習や練習試合程度の内容だったからだ。

サッカーを始めた初期のころこそ高いスキルを示していたが、それ以降は自分でもスキルが伸びていると実感することはなかったし、自分のプレーでもっとも注意すべき部分——左足で正確にパスやシュートができないことや、ボールコントロールの悪さ等——にじっくりと取り組むよう指導されることもなかった。

同じようにオウェインも、クラシックギターをこれまで2000~3000時間練習してきたという。毎週のようにレッスンでスキルを上げ、10代後半にはかなりの腕前になっていた。そこで、限界的練習に似たアプローチでさまざまなスキルを身につけようとした。たとえば、「トレモロ」という技法の習得がそうだ。これは、3本の指を使って同一の音を連続して小刻みに奏でることによってあたかも音が持続しているように聞こえる技法で、最初は非常に難しいが、レッスンの合間の休憩時間にコツコツ練習すれば、だんだん速くうまく弾けるようになったはずだ。だが、ローリーと同じようにオウェインも、練習を始めた初期のころは自分でも上達している実感があったが、やがて「趣味で」弾くようになり、レッスンもやめてしまった。自分の演奏技術はこれ以上伸びないと気づいたあのときを境に、技術は衰える一方だ。

われわれはみな、目標に向かってパフォーマンスを向上させることはできる。だが、そのためには、長期にわたって努力を続けなければならないし、本当の意味で何かを習得するには、限界的練習をシンク・スモールのアプローチに組み込まなければならない。

すべては自分にどんな目標を掲げるか、というところから始まる。向上しつづけるためには、適度に高い目標、つまり、頑張ってやっと手が届くくらいの目標を立てなければならない。それは、新しいスキル（語学や楽器等）を学んで自分を高めることかもしれないし、自分はどこまでできるかという自分自身に対する期待値を上げることかもしれない。

たとえば、「はじめに」で触れたイギリスのジョブセンターの事例で、われわれはさまざまな変更を加えたが、併せて、必要な求職活動レベルの期待値を引き上げることも行なった（以前は週3件だった最低求職活動件数を週50件以上という高い目標に見直した）。

自分の目標をどのようなステップに分解するかを考える際には、行う練習の質をいかに高められるかも考えなければならない。

それは、スペリング・ビーの優勝者たちにとっては、いままで知らなかった単語を覚えることかもしれないし、サッカー選手や音楽家にとっては、特定のスキルを習得することかもしれない。仕事においては、説得力のあるプレゼン能力を身につけることかもしれない。ジョブセンターの仕事では、特定の項目を各求職者に改善させることだった――数学や英語のスキルの向上が必要な人もいれば、きちんとした履歴書を書けるようになることが必要な人もいた。また、良いフィードバックシステムを通じて、それまでの練習から多くを学べるようにしなければ、こうした努力も実を結ばない――あなたのサッカースキルは向上しているだろうか？　新しい単語のスペルは覚えられただろうか？　プレゼンスキルは上達しただろうか？　就職の面接の件数は増えているだろうか？

われわれはオリンピックチャンピオンやチェスのトッププレーヤー、スペリングコンテストの覇者や大作家にはなれない。だが、良い親や良い上司にはなれるし、サッカーや音楽で上達することはできる。

長期の目標に向かってパフォーマンスを向上させるためには、もっと高い目標を立て、その目標につながる各要素に集中的に取り組むことが必要だ。ここまで本書でたびたび示唆してきたように、小さな変化を積み重ねていけば、いずれ大きなことを達成できる。だが、ここで言う「小さな変化」とは、「簡単な変化」という意味ではない。絶え間ない努力が求められるが、そのうち必ず報われるものなのだ。

【ルール2】試しながら学ぶ

イギリスでは、毎年約100万人が国民保健サービス（NHS）の臓器提供者登録を行う。100万人といえば大きな数字に思うかもしれないが、これだけの登録者数にもかかわらず、イギリスでは毎日3人が臓器提供を受けられずに死亡している。このことを重く見たNHSは、もっと多くの人たちに臓器提供者登録をしてもらうにはどうしたらよいか、われわれ行動洞察チームにアドバイスを求めてきた。

この案件を担当したヒューゴ・ハーパーとフェリシティ・アルゲートは、ひとつのアイデアとして、自動車税の更新や運転免許取得時の臓器提供者登録のやり方を変える方法を思いついた。これら諸手続きのため、関連のウェブサイトには毎年何百万という人たちがアクセスする。サイト上の臓器提供者登録へのお願いに対し「はい」を選択する人が少しでも増えれば、きわめて大きなインパクトになると考えたのだ。

テストの仕方は驚くほどシンプルだ。ウェブサイトを訪れる人たちに登録を促す方法を8つ提示し、どれがもっとも効果があったかを調べるというものだ。ここで一番となったものが新たなメッセージとして今後ウェブ上で採用されることになる。

次ページのふたつのメッセージのどちらがより効果的か、あなたも実際に選んでみるとよいだろう（サイト画面のスクリーンショット参照）。

ただし、選ぶ前にあえて言っておこう。ふたつのうちの一方はすべての選択肢のなかでもっとも効果的という結果が出たもので、臓器提供者登録数は従来のメッセージのときよりも毎年約9万6000人も増加したのに対し、もう一方は、唯一登録者数が減少するという真逆のメッセージとなった。答えを確認する前に、あなたが一方を効果あり、もう一方を効果なしと判断した理由も考えてみよう。

ここ数年、われわれはさまざまな会議やセミナーやワークショップの場で何千もの人たちにこのふたつのスクリーンショットを見せてきたが、大多数の意見が一方に集中した。その一方とは、もっとも登録者数を増やしたメッセージと、登録者数を減らしたメッセージのどちらだったただろうか？

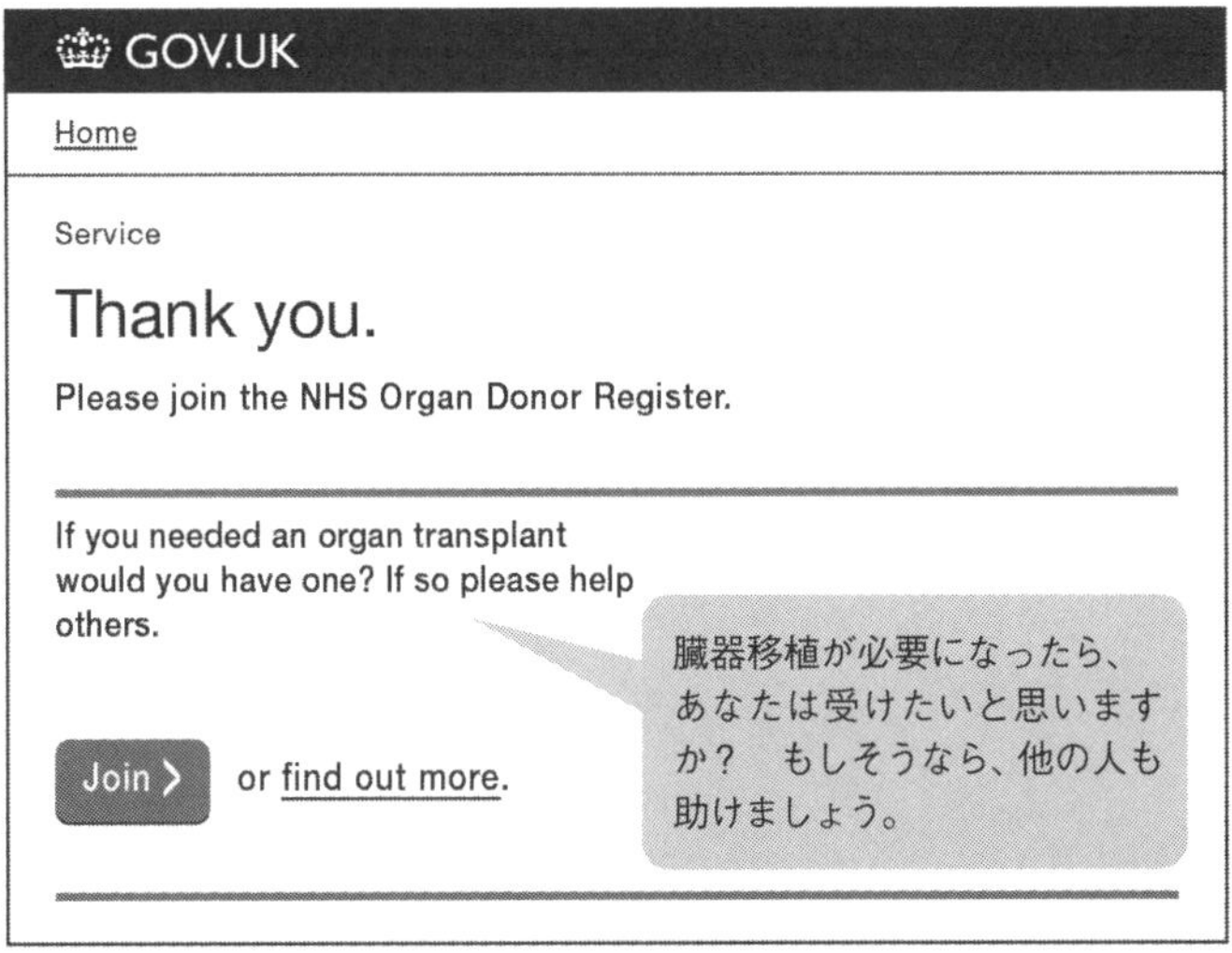
GOV.UK
Home
Service
Thank you.
Please join the NHS Organ Donor Register.
If you needed an organ transplant would you have one? If so please help others.
臓器移植が必要になったら、あなたは受けたいと思いますか？　もしそうなら、他の人も助けましょう。
Join
or find out more.

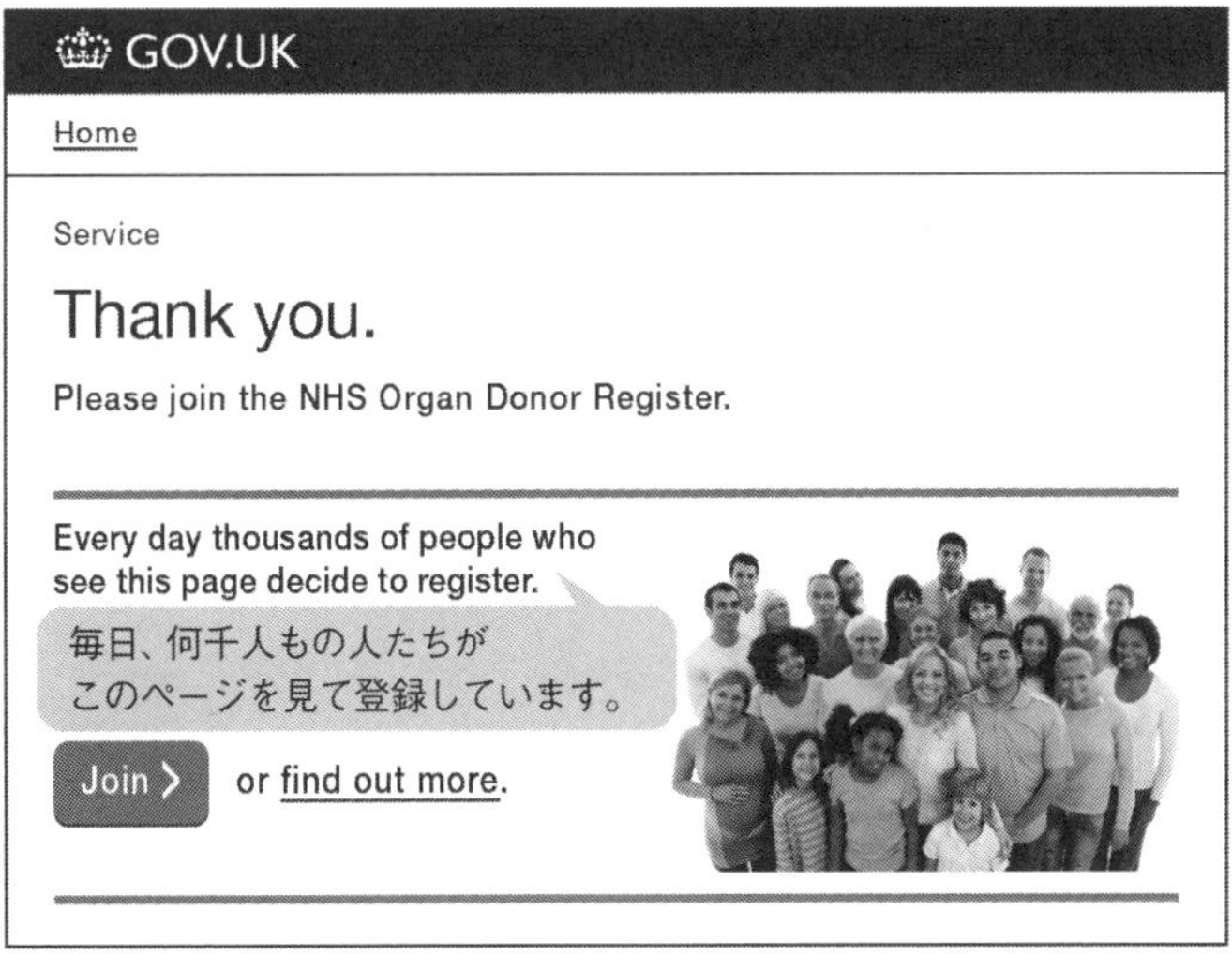
GOV.UK
Home
Service
Thank you.
Please join the NHS Organ Donor Register.
Every day thousands of people who see this page decide to register.
毎日、何千人もの人たちがこのページを見て登録しています。
Join
or find out more.

もっとも効果的だったのは、上の「臓器移植が必要になったら、あなたは受けたいと思いますか？　もしそうなら、他の人も助けましょう」のメッセージだった。

第5章「共有」でも見てきたように、このような場面では、互恵的な感情に訴えかけるときわめて強いインパクトとなることがわかっている。

一方、登録者数を減少させたメッセージは、「毎日、何千人もの人たちがこのページを見て登録しています」というフレーズとともに、たくさんの人たちが集まった写真を掲載したものだった。たくさんの人たちの一般的なイメージ写真は、見る人の頭のなかで、深刻なメッセージを非個人的なソーシャル・マーケティングに変えてしまったようだ。こう言えるのは、まったく同じメッセージをイメージ写真なしで掲載したテストでは登録率は上昇したからだ。

どちらが効果が高かったか、正解を知らされた後にその理由を説明するのはそう難しくはない。後から考えれば、理由は至極もっともで、実際、「後知恵バイアス」［訳注：物事が起きた後でそれが予測可能だったと考える心理的傾向］なる言葉もあるくらいだ。だが、どちらがより効果があったかの正解を知らされていないと理由の説明は難しい。正解を知らされていなかったあなたも、きっとそう感じたにちがいない。

この6年間、行動洞察チームでは、新たなトライアルの手法を用いて、政府の政策のどの部分でもっとも効果が上がっているかを調査した。このアプローチは、目標を個々の小さなステップに分解する「チャンキング」とのセットで実施することで、どこをどう変化させるとパフォーマンスが向上するかを検証できるようにした。本書でもこれらの実験を多数取り上げており、そのひとつひとつが「それは効果があるか?」というシンプルな問いを投げかけている。

▼期限内に納税義務を果たさなかった人たちへの督促状の冒頭で、きちんと納税した人がどれほどたくさんいたかを示すと、期限内に納税する人は増えるだろうか?

(答え:増える)

▼家でどれほど多くのエネルギーを無駄にしているかを示す赤外線写真を添えてメッセージを送ると、同じメッセージを赤外線写真なしで送った場合よりも、家の断熱処理をする人は増えるだろうか?

(答え:増えない。断熱処理をする人は減少する。理由は、赤外線写真の家は照り輝いて見え、人によっては居心地のよい素敵な家と解釈するからだろうとされている)

この実験的アプローチは、イギリス政府が関与する特定の分野でのみ適用されていると思われがちだが、それはまちがいだ。第1章「目標設定」でも触れたとおり、オリンピック出場のイギリスのサイクリングチームでも同じ手法が採用されていたし、F1チームが対戦相手に勝つために実施した小さな改善も、この手法に基づいている。イギリスの教育基金財団ＥＥＦも、学校現場で何が有効かを把握するためにこの手法を利用しているし、グーグルのようなＩＴ企業が画面上の特定のレイアウトや配色にこだわる理由もこの手法から説明できる。グーグルは、既存のスタイルに絶えず小さな変更を加えて最適な形を模索しており、最近のテスト事例では、グーグル画面上のツールバーの青の色合いを少し変えただけで、２億ドルもの広告収入増となったという。(7・3)

これらのテストに共通するのは、どれが正解かわからないということをわれわれ自身が受け入れられないことだ。先の臓器提供に関するメッセージで、どれがもっとも有効かを推測したときの感覚と同じで、多くの場合、これがわれわれにとって最大の障壁となる。『ヤバい経済学』（望月衛訳、東洋経済新報社）の著者スティーヴン・ダブナーとスティーヴン・レヴィットによれば、英語でもっとも言いづらい言葉とは、「I am sorry《ごめんなさい》」でも「I love you《愛している》」でもなく、「I don't know《知らない》」だという。(7・4) 問題は、仕事や生活や余暇等ほぼすべての領域において、何が有効で何が有効でないかがわからないということをわれわれ自身が受け入れられないことなのだ。

行動洞察チームＣＥＯのデービッド・ハルパーンによれば、世界各国の政府は、自分たちが正しいことをしているかどうかや、巨額のリソースを投入したプログラム（新カリキュラムの導入、雇用支援策、司法判決等々）が実際に有効かどうかを明確に把握できていないというのが、知られざる実態だという。

これらのプログラムは、何もしないでいたらどうなっていたかが検証できる手法でテストされてはじめて（つまり、何らかのコントロールに対する新たな介入方法を試すことによって）、そのプログラムが期待した効果を生んでいるかが確認できるわけだ。(7-5) トライアルをしてみてはじめて、ポジティブなインパクトがあると予想していたプログラムが、実際はほとんどインパクトを及ぼさないか、逆にネガティブなインパクトをもたらすことがわかった、という残念なケースもある。

その一例が「スケアードストレート」だ。これは、若者たちが犯罪に手を染めるのを未然に防ぐ目的でアメリカで開発された教育手法である。内容は至ってシンプルで、子どもたちに刑務所を見学させ、実際に受刑者たちから刑務所生活の実態を聞かせるというものだ。(7-6) その日1日、受刑者生活を体験させたり、恐怖をあおるようなことを受刑者たちにわざと言わせたりする場合もある。(7-7)

この手法は全米各地で採用され、他の国々でも広く導入された。導入初期には大きな成果をあげていると評価されていた。1978年には同プログラムに関するドキュメンタリー映画も製作され、アカデミー賞長編ドキュメンタリー映画賞を受賞したほどだった。

ところがその後、このプログラムには効果がなかったことが明らかになった。それどころか、状況をさらに悪化させていたこともわかった。9件のスケアードストレートプログラムを精査したところ、刑務所見学をした若者たちの犯罪率は逆に上昇していたことが判明したのだ。

1997年に500件におよぶ犯罪予防手法を評価したレポートがアメリカ連邦議会に提出されたが、このなかでスケアードストレートは「有効ではない」手法として分類された。だからこそ、新しい手法は幅広く導入する前にテストすることがきわめて重要なのだ。

とはいえ、良いマネージャーになる、減量する、禁煙する、音楽のスキルを高める、外国語を習得する等々のために、何種類もの手法を試すことなど不可能だ。それでも、何が有効かはわからないという認識をまずは持ったうえで、さまざまなアプローチを試してみることには意味がある。そして、そのなかのどれが望む結果を得るための最適な手法かを見きわめるのだ。

本書で示したフレームワークを利用すれば、この実験的アプローチを実際の目標達成に役立てやすくなるだろう。目標を管理可能ないくつかのステップに分解し、さまざまなアプローチに関するフィードバックを得るようにすれば、自分が起こす小さな変化の積み重ねが、やがて大きな成果をもたらすことに気づくはずだ。

たとえば、この先半年間かけてカロリー消費量を増やすことが目標なら、何日か試しに歩いて通勤してみて、バスで通勤して6階のオフィスまで階段を使うのとどちらがより効果的かを比べてみるとよいし、両方やってみる日があってもよいだろう。フィットビットのアプリやスマホを使って消費カロリーを測定し、どちらの方法が効果的かをモニターすることもできるし、どちらのほうが日々のルーティンに組み込みやすいかも判断できるだろう。

貯蓄が目標なら、さまざまなアプローチを試し、どれがもっともお金を貯めやすいか見きわめるとよい。数カ月間、お金を通常の口座から普段引き出せない口座に移してみるのもよいだろう（第3章「コミットメント」で出てきたコミットメント口座と似た発想だ）。あるいは、普段買っているものを買わずに我慢したら（通勤途中にいつも買うカフェラテ等）、その分を貯金に回す、という方法を試してみてもいいかもしれない。数カ月後、もっとも多く貯金できたのはどの方法かを確認し、その方法のなかでもさまざまなパターンを試して更なる改善を目指すとよい。

新米パパママであれば、いくつものルーティンや時間配分や育児メソッドを試してみて、寝かしつけがもっともうまくいく方法を探ろう。

こうした実験的アプローチは、長年の思い込みを遊び感覚で検証することにも使える。たとえば、われわれの同僚のひとりに、オーガニックのニンジンは普通のニンジンよりも圧倒的においしいという信念を持った者がいた。オウェインがブラインドテイスティングでテストしてみたところ、だれひとり違いを言い当てられた者はいなかった。

その後、他のものでもテストし、さまざまな結果が得られた。オレンジジュース（高価＝おいしい）、ワイン（安価でもおいしいものがある）、ジントニック（詳細な分析の結果、ジンよりもトニックのほうがおいしさを左右するという結論に至った！）等々。

いつも最初の1回だけで正しい方法が見つかるとは限らない。試しながら学ぶことによってはじめてそれが可能になる。この実験的方法をしっかりと活用すれば、正しい方法が見つかるまでのいくつもの失敗も、最終的な目標達成に役立つ貴重な情報となるはずだ。なぜなら、どれが有効でない方法か——たとえば、スケアードストレートプログラム等——を特定することができ、これ以上続けずに済むからだ。その過程で、自分にもっとも合った方法を見きわめられるようになるにちがいない。

【ルール3】振りかえりをして自分の成功を祝う

想像してみてほしい。あなたは大学生だ。教材費や交際費を賄うため、学業の傍らいくつかアルバイトを掛け持ちしている。そのうちのひとつが、通っている大学の寄付金集めだ。音楽から実業界まで、幅広い分野で活躍している卒業生たちに電話をかけ、寄付の依頼をするという仕事内容だ。これまでに寄付の経験がある人もない人もいる。だから、首尾よく寄付を取り付けられることもあれば、かなり手こずることもある。それは重々承知だ。

ある日、シフトに入ろうとしていたら、人類学専攻のある大学院生の話を聴くため集まるよう言われた。あなたはこの大学院生の話に熱心に耳を傾けた。彼女は、あなたや他のバイト仲間たちが集めた寄付金で、自分の人生がどれほど大きく変わったかを話した――みなさんのかけた電話のおかげで、私はフィールドワークに出て研究のためのデータを集めることができたのですと。そして、この研究は人類学の学術的蓄積に貢献しているのだと。

あなたは彼女に研究のこと（どこに行ったのか、何の研究なのか等）について尋ね、その活動にどのように助成金が使われたかに興味を持った。この助成金は、あなたも手伝って集めた寄付金に他ならない。大学院生の話はものの15分で終わった。だが、あなたのなかに芽生えたあたたかい気持ちは、その後、寄付の依頼の電話を数えきれないほどかけている最中も、心の片隅にずっと残っていた。

ここまで読んだあなたは、このシーンがある実験の一環であることに気づいたであろう。この実験は、行動洞察チームとも関わりの深い心理学者アダム・グラントによるものである。彼は、第5章「共有」で、人が互いに協力しあって目標達成することについての研究の際に言及した研究者だ。(7・8)

当時、ノースカロライナ大学チャペルヒル校に在籍していたグラントは、公共サービスに従事する人たち（医者やソーシャルワーカーや警察官等）にとって、モチベーションの源泉はお金だけではなく、自分が働いているコミュニティをより良いものにしたいという思いもある、ということに興味をそそられた。だが、その一方で、これらの職種の人たちは、自分の仕事が長期的にどのようなインパクトを及ぼすかを知ることができない、ということにも注目していた。

そこで彼は、寄付金集めのバイトをする学生たちに、自分たちの活動の結果としての資金を大学院生が受け取っていた話を聴かせることにより、自分たちが何の役に立っていたかを振りかえる機会となれば、彼らの取り組み方に変化が起きるのではないか、という問題意識で実験を行なったのだ。

グラントは被験者の学生をふたつのグループに分けた。一方のグループは大学院生から話を聴き、もう一方のグループは話を聴かずにいつもどおりに業務を行なった。次にグラントは、大学院生の話の翌月に、各グループの学生がそれぞれ月に平均何件の寄付を取り付けることができたかを測った。

その結果、話を聴いた学生たちが取り付けた寄付の件数と総額は劇的な増加（2倍以上）を見せたのに対し、話を聴かなかったグループのほうの件数と総額の増加は小幅に留まった（かつ、統計的に有意ではなかった）。

つまりバイトの学生たちは、自分が関わっている仕事のポジティブな側面を理解すると、ときに困難なものに感じられるタスクであっても、強いモチベーションを持つことができるということだ。

われわれは、仕事やプライベートで達成しようとしている目標がどのようなインパクトを持つかをもっとよく考えるべきだ。だが、そうする機会を日々の生活のなかでなかなかつくれていない。グラントの優れた研究で示されたとおり、それができれば、自分のやっていることが世の人びとの生活にインパクトを与えていることを思い起こすきっかけとなる。

そのためにはどうしたらいいか、想像力を働かせて考えなければならない。たとえば、ローリーの妻のエレインの場合、緩和ケア医として自分の仕事にもっともやりがいを感じるのは、担当していた患者の家族からお礼状をもらうときだという。ところが実際には、患者は退院すると、それまで治療にあたっていた医療スタッフとの連絡が途絶え、その後の関わりがなくなってしまう。こうした現状は医療制度全般にわたる問題点となっている。

現に、オウェインと妻のソフィーも、第一子が誕生して家に戻ってからの数カ月間、このことを経験した。お世話になった病院スタッフにお礼状を出そうにも名前も知らないし、病棟内を歩き回って探しでもしないかぎり、彼らと直接連絡を取る術もなかった。だが、多くの場合、連絡を取りやすくするシンプルなシステムさえあれば足りる話なのだ。

このようなシステムを導入した成功例として、シドニーのある病院では、退院1カ月後に手紙で患者にその後の様子を訊いているという。このシンプルなシステムを通じて患者は、病院スタッフに感謝の意を伝えることができるし、自分が受けたケアについて振りかえることもできるようになる。

行動洞察チームでは、成功の振りかえりというコンセプトをさまざまな形で取り入れてきた。たとえば、高校生を対象に大学への進学を勧める働きかけをいくつか試みたところ、ただ単に生徒や保護者に、大学に通うことの長期的なメリットといった情報を与えるだけでは効果がないことがわかった。では何が有効だったかというと、大学に通うとはどんなものなのかを生徒が直接先輩たちから聴くという方法だった。話を聴いた生徒たちは、大学生活のメリットだけでなく、将来のキャリアの展望についても考えを巡らせたにちがいない。

これと同じようなことを行動洞察チームでも実践している。週始めのミーティング時に、われわれが「今週のいいね！」と呼んでいる時間をいつもとるようにしている。チーム内のだれかが何かすばらしいことをしたとか、だれかに助けてもらった等のポジティブな出来事を報告し合う場で、仲間に感謝を伝える良い方法であるだけでなく、仲間がまわりの人たちのためにしたことを、チームみんなで振りかえる良い機会となっている。

これと同じように、あなたも目標に到達した暁には、自分が何を達成したかをぜひ振りかえってみてほしい。そこに到達する過程において、人に何らかのインパクトを与えたのであればなおさらだ。

もちろん、設定した目標がきわめて個人的なものである場合（山に登る、減量する、転職する等）、人に大きなインパクトを与えることはないだろう。その場合は、目標達成への過程で自分が何を学んだかをじっくり振りかえるという、少し違ったアプローチを推奨している。このアプローチは目標に向かって取り組んでいる最中でも、達成して（あるいは挫折して）からでも可能だ。

これについては、行動洞察チームとも関連の深いハーバード・ビジネス・スクール教授のフランチェスカ・ジーノとその研究チームによって行われた研究がある。数多くの研究を通じてジーノらは、次の目標に取りかかる前に自分が学んだことを振りかえるよう推奨している。(7・9) **自分が学んだことを短時間でも振りかえるようにすると、その後長期にわたって役に立つ**ということが、これらの研究から明らかになっている。

ジーノは数多くの事例でこのことを示している。そのひとつに、グローバルにコンサルティングやアウトソーシングを手がけているインドのＩＴ企業のコールセンターで、研修期間初期のスタッフを対象に行なった実験がある。

期間中、テクニカルな研修は全スタッフに等しく受けさせるが、ふたつに分けたグループの間でひとつ大きな違いを設けた。一方のグループには、研修時間の最後の15分間を、その日に自分が学んだことを振りかえり書きとめる時間にあてるようにしたのに対し、もう一方のグループには最後まで研修を続けさせた。

1カ月後の研修終了時の最終テストの結果、毎日15分の振りかえりをしたグループは、比較対象グループよりも平均20％以上も成績がよかった。こうした振りかえりは、本章前半で議論した限界的練習に代わるものではなく、むしろ、それを補強する強力なツールであるとジーノは主張する。

同研究グループは別の事例として、心臓外科医が指導医のもとで熱心に手術を練習するケースを紹介している。外科医の目標は、できるだけ早く手術のスキルを上げることだが、練習だけでスキルの向上を図るには限界がある。だが、実際の手術の練習と併せて、短時間でも習得内容の振りかえりを行うと上達は速まるという。

あなたも目標に向かう際、あるいは、挫折を経験した際、このような振りかえりを行なってみよう。目標に向かって取り組む過程で何を学んだかを振りかえり、そこで得た気づきを次の取り組みに活かすのだ。そして、最終的に目標を達成できたら、そこでも振りかえりを行なってから次の目標に向かうようにしよう。

目標に到達する前に、ひとつ小さな変化を取り入れてみてほしい。これをすれば、自分が達成してきたことを誇らしく振りかえることができ、先々、もっと大きな目標を目指せるようになるはずだ。それは、目標を達成したその瞬間を祝い、記録することだ。単に喜ばしいことだから、というだけではない。心理学的観点からも合理的な理由がある。これは、「**ピーク・エンドの法則**」と呼ばれる心理学の構成概念に関連するもので、人はある経験を、そこで感じた楽しさや苦労の総和（普通、みなこちらを考える）ではなく、経験の最高の瞬間（ピーク）と終わりの瞬間（エンド）の感じ方で評価するという考え方だ。目標が達成困難で、多大な苦労を伴うものだった場合は特にそうだ。

歯医者に行くケースを考えてみよう。なるべく早く歯を削ったほうがよさそうだ。だが、研究結果によれば、その処置の痛みがどのくらい長く続いたかよりも、もっとも痛みを感じたときの痛みの程度と、終わったときの感じ方のほうが重視されるという。

これを実証するため、(7-10)ノーベル経済学賞を受賞した心理学者ダニエル・カーネマンとその研究チームは、被験者にふたつの非常に似通った不快な体験をさせた（この不快の程度を、後にカーネマンは「軽度の苦痛」と表現している）。(7-11)被験者は最初、片手を30秒間、14度の冷水に入れるよう指示される。水温はそこそこ冷たくて辛いが、耐えられないほどではない程度の設定だ。この水温ならそう辛いはずはないだろうと思うなら、実際に自分で試してみてほしい。7分後、彼らには2度目の「軽度の苦痛」を体験してもらった。今度は、もう一方の手を30秒間、14度の冷水に入れるが、その30秒が経過した後、水温が徐々に15度に上がる間、続けてもう30秒間手を入れておくというものだった（15度でもまだ辛い冷たさではあるが、1度の差は意外と大きく、14度のときほどの辛さではない）。(7-12)

被験者はこのふたつの実験のどちらならもう一度やってもよいかと訊かれ、大半が実験時間の長かった後者を選択した。つまり、全体として苦痛が多いほうを選んだことになる。この実験は、「経験する自己と記憶する自己の利害対立」をあえて引き起こすよう設計されたものだ。2度目の苦痛のほうが辛いのは明らかだ。だが、経験と記憶は別個のものであり、われわれが経験を評価する際には、楽しさや辛さのピーク時と終わったときの感覚が重視されることをカーネマンの研究チームは突き止めたのである（これがピーク・エンドの法則と呼ばれる所以だ）。

われわれは、何かのサービスや自分の目標達成のための方法を考える際、いかにして不快感を和らげ、快感を最大化するか、いかにして目標達成の最後の瞬間を最大限すばらしいものにできるかを考えるべきなのだ。そして、この最後の瞬間をしっかり祝うこと――山頂でブランデーで祝杯をあげてもよいし、年度目標の達成を職場のチームで祝うのもいいだろう。さらに、その決定的瞬間を何らかの形で記録しておくとよい。まさにゴールラインを越えようとしている自分や、試験の結果を子どもと祝っている様子を写真で残しておく等だ。

形に残しておけば、自分が何のために長い間努力してきたのかをいつでも思い返すことができるし、次なるチャレンジへのレジリエンスを高めることにも役立つだろう。

目標、特に、じっくりと時間をかけて新たなスキルを身につけるような長期的な目標に取り組もうとするとき、われわれはとにかくがむしゃらに突き進み、何度も同じことを繰りかえしてしまいがちだ。だが、これをしてしまうと、練習しているつもりでも、上辺だけで何も身につかない。

時間をかけて何かのスキルに習熟したいなら、どのように学ぶかを考えなければならない。まずは、その練習の方法論を考えること――目標をステップに分解し、スキルの向上に向けて熱心に練習を積むことなのだ。そうすれば、自然と新しいアイデアやテクニックを試せるようになるだろう。大規模なランダム化比較試験はできなくても、途中でフィードバックを受けたり、小さな変化をひとつひとつ積み重ねたりしながら、目標達成に何が効果的かを学ぶことはできる。

最後に、**目標に向けた取り組みを始めたら、あるいは、途中でたびたび挫折したとしても、何が有効で何がつまずきの原因なのかを自分自身で振りかえる時間をとろう。**これらをすべて実践できたら、目標を達成した瞬間をどんなふうに祝おうかと考えよう。そして、さらにもう少しじっくりと振りかえりができたら、次はどんなことに取り組もうかと考えはじめる自分を見い出すことだろう。

おわりに

われわれはみな、すごいことを成し遂げたい。だから、何でもビッグに考えようとしがちだ。選べるのなら、だれだってスモールよりもビッグにいきたいではないか？　だが、ここまで見てきたとおり、長期にわたる壮大な目標は、小さなディテールをきちんとこなしてはじめて達成できる。ビッグなことを達成するには、シンク・スモールでいかなければならないのだ。

科学

なぜシンク・スモールが理にかなっているかを理解するには、まず意思決定の科学を理解しなければならない。だからこそ本書では、目標達成の方法論に関する研究を多数取り上げてきた。

特に、人間が情報を処理し判断を下すときの方法にはいろいろあることを知るのはきわめて重要だ。人間の思考には、じっくり考える遅い思考（スローシステム）と自動的に発動する速い思考（ファストシステム）がある。運転技術の習得を司るのは遅い思考だが、ひとたび習得してしまえば、速い思考の力によって楽々と運転できるようになる。

シンク・スモールの成功のポイントは、この遅い思考をいつどのように作動させ、それをどこでどのように速い思考に引き継がせるかを理解することだ。だが、これはそう簡単ではない。速い思考のおかげでわれわれはこの複雑な世の中を生きていけるのだが（ペダルに意識を向けずとも運転ができる等）、その一方で、速い思考はシステムエラーを起こしやすい面もあるからだ。それだけではない。遅い思考を作動させてすべての意思決定を行うにはメンタルの「処理能力」が足りないのだ。人間の認知処理能力には限界があり、注意力が限界を超えると破綻してしまう。だからこそ小さいディテールが重要になってくる。シンク・スモールを実践することによって、速い思考と遅い思考の強みを活かしながら、かつ、双方の欠陥を回避しながら、大きな目標を達成することが可能になるのだ。

速い思考と遅い思考の最大の違いは、時間の効果の捉え方にある。速い思考は現在の報酬に強い選好を示し、努力を要する意思決定は明日に先送りしがちなのに対し、遅い思考は、報酬は明日までお預けにして難しい意思決定を今日行えば、もっと良い選択肢を選べる可能性があることを理解している。シンク・スモールのツールの多くは、速い思考を敵ではなく味方にすることで、自分をより良い方向に向かわせることを意図したものなのだ。

シンク・スモール、リーチ・ビッグ

シンク・スモールは、あなたが目標を設定し、その達成に向けて取り組む際の足場となる。厳格なルールと身構えることはない。あらゆる状況でこの7つのツールをすべて適用しなければならないというものではない。だが、支えるものが多いほど足場が頑丈になるのは言うまでもない。

どんな構造物も土台をつくることから始まる。それと同じように、このアプローチもまずは基礎となる目標設定から始まる。ここでわれわれはあなたに、深いレベルで熟慮のシステムを作動させるよう促した。仕事や休息や余暇の面で改善したいことを実現するために、まずは何を達成すべきかをじっくりと考えるよう、ウェルビーイングに関する研究のエビデンスを紹介しつつ促した。また、目標を自分で管理可能なステップに分解することによって、最終的な目標に早く到達できることも示した。

次に、目標を達成するためのプランを立てて成功への道筋をつける方法を提示した。特に、行動を日々のルーティンのなかの特定のタイミングと意識的にリンクさせる「if-then プランニング」の手法に焦点を当てた。いつも同じ合図で一定の行動を繰りかえすと、以前は努力を要する困難な行動だったものが自動化され習慣となっていくというものだ。ここまで来れば、行動が速い思考に引き継がれつつあることを実感できるだろう。

足場をさらに補強するため、モチベーションを維持するツールについてもいくつか紹介した。目標達成にコミットしやすくするには、現在の自分と未来の自分との間の葛藤を乗り越えることが非常に重要であることにも触れた。目指す目標を書き出してオープンにすると、自分の意図を実行に移しやすくなる。次に、報酬システムはきわめて有効だが、逆効果となる場合もあることを議論した。もうおわかりだろう。ここでも小さなディテールをきちんとやらなければ、逆効果を招きかねないということだ。

目標達成は自分を向上させる個人的なプロジェクトと考えている人は非常に多い。だが、だれかと一緒に取り組むと目標達成のプロセス自体が楽しくなるだけでなく、達成の確率も上がることがわかっている。良いフィードバックがいかに重要かについても触れた。自分がどの程度ちゃんと取り組めているかを確認できなければ、どんなことも達成は困難だ。

さらに、足場をしっかりと固定する結び目についても議論した。本気でスキルを磨くために集中的に練習し、いろいろと試しながら自分の目標にもっとも合った方法を見つけることが重要だ。最後に、目標に到達した暁には、やってきたことを振りかえり祝うことを提案した。これまでの努力の成果を噛みしめるためだけでなく、この経験から学び、次なるチャレンジへの原動力とするためだ。

常識と常識に反するもの

ご紹介したツールに効果があることはさまざまなエビデンスで示されているとおりだが、これらのメソッドに反発する人たちがいるのも事実だ。彼らの論拠は主に次のふたつだ。

ひとつは、シンク・スモールは小さな目標にはよい、という主張だ。何か大きなことを達成しようとするときには、大きな変化を起こさなければならない局面があり、それにはまったく異なるアプローチが必要になると。

こう主張する人たちは象徴的な事例として第二次世界大戦当時の話を持ち出す。戦後の疲弊したヨーロッパの復興に必要だったのは、マーシャル・プラン（ヨーロッパの復興支援のためアメリカが推進した120億ドルもの復興援助計画）のような大きな仕掛けであり、小規模なイニシアティブではなかったはずだと。つまり、ときには大きく大胆なステップが必要だという主張だ。

確かに、コラムニストのティム・ハーフォードも同様の主張を展開している。彼によれば、1％の改善を積み重ねることで大きな成功を得ようとするマージナルゲインの考え方は、（イギリスのプロ自転車競技の「チームスカイ」と元監督デイビッド・ブレイルスフォード流の）継続的改善には確かに有効だが、大きな飛躍はもっと革新的なイノベーションや大きな変化によってもたらされるという。ハーフォードは比較のため、同じ自転車競技のスコットランド人選手グレアム・オブリー(「フライング・スコッツマン」の愛称で呼ばれた)を引き合いに出す。彼は走行時の姿勢と自転車のデザインを大幅に変えることによって、1990年代に世界のアワーレコードを二度も塗り替えたと述べている。(Con・1)

視野を高く持つべきではないとか、大きな変更を加えてはならない、ということを言いたいのではない。むしろその逆だ。壮大な目標にばかり目が向いてしまうと、そこに到達する方法を考えるのが疎かになりがちだ。確かにマーシャル・プランは壮大なヴィジョンだった。だが、その実行に際しては明確なプランがあった。この点が非常に重要なのだ。

驚くほど野心的な長期目標を立てる人はたくさんいる。だが、それを実現できる人はほとんどいない。そこでシンク・スモールの出番となる。第1章「目標設定」で議論したように、**大きな夢を持つだけではだめなのだ。大事なのは、その夢を日々の現実とリンクさせることだ。**仕事でチームのパフォーマンスを一気に向上させたいとか、業績不振の学校や病院を立て直したいという場合、そのために必要ないくつもの小さなステップを明確にしないかぎり、達成は難しいのである。

加えて、目標を達成するためには、日々のルーティンを変えなければならない場合もあると述べた。たとえば、飲酒を控えたいのであれば、単に摂取量を減らそうとするのではなく、家では飲まない、などのわかりやすいルールを思い切って設定するほうが有効だ。家族との時間をもっと持ちたいのであれば、漠然とワークライフバランスを改善しようとするのではなく、たとえば、午後7時以降は仕事のメールにはいっさい返事をしないとか、週に2回は在宅勤務をする等と決めたほうがよい。生徒の学業成績を上げたいのであれば、予算をティーチングアシスタントに充てるのではなく、生徒により良いフィードバックを与えるための教師の研修費に充てるべきだ。

もうひとつの批判は何とも微妙でたちが悪い。シンク・スモールなどというけれど、単なる一般常識ではないか、という主張だ。彼らは言う。長期的な目標は管理しやすいステップに分解したほうが達成しやすくなる、という考え方は至極当然だし、だれかに目標達成をサポートしてもらったほうが実現可能性が高くなる、というのもわかりきったことではないかと。確かにそのとおりだ。本書のコンセプトの多くは、常識を応用したものである。

だが、問題は、そもそも常識の応用が難しかったり、応用ができても、そのやり方に一貫性がなかったりルールに則っていなかったりするケースが非常に多いことなのだ。行動洞察チームでもこのような事例を何度となく目にしてきた。

納税の督促なら、（4ページにもわたって難解な法律用語を並べ立てるよりも）受け取った人がわかりやすい通知にしたほうが効果的なのは明らかではないか——そう訊かれるたび、われわれはこう答えてきた。「そのとおりです。それならなぜ、だれも理解できそうにない法律用語を並べ立てた通知を毎年何百万人にも送りつづけているのでしょうか？」

あるいは、仕事の期限や役割や責任を明確にし、進捗を管理し、具体的でタイムリーなフィードバックを与えれば、プロジェクトは期日どおりに予算内できっちりと仕上がるはずだ、という指摘もある。確かにそのとおりだ。それならなぜ、期限内に終わらないプロジェクトがこれほど多いのだろうか？　ときにわれわれは、非常にシンプルな常識ですら思うように適用できない。だからこそ、目標設定のためのわかりやすいフレームワークとして本書を世に出したのだ。

しかしながら、シンク・スモールのコンセプトには、わかりにくいものが多いのも事実だ。実際、本書で取り上げた重要な原理のいくつかは常識に反している。第1章「目標設定」の冒頭部分を思い返してほしい。われわれが日々追い求めている目標は、必ずしもウェルビーイングを高め幸せをもたらしてくれるものではなかったりする。人間関係や健康や他者に与えること《ギビング》がウェルビーイングを高めてくれるものだということにわれわれはあまりにも無自覚だ。壮大な目標をいくつも同時に掲げるとうまくいかない、ということにも気づかないまま取り組んでしまっている。

第3章「コミットメント」では、自分の目標を単に人に話すだけでは逆効果となる可能性があるのに対し、具体的なプランをオープンにして書き出す方法はきわめて有効であることを示した。配偶者や恋人をコミットメントレフリーに指名するのはあまり得策ではないことも確認した。信頼のおける第三者のほうが、コミットメントの内容にとことん付き合ってくれる。人はみな（赤の他人ですら）、われわれが思っているよりもはるかに協力的だということもわかった。インセンティブについても、適度に高く設定したり、元々の目的に合ったものにしたりしないと、内発的なモチベーションを逆にかき消してしまう可能性があることも示した。

したがって、本書のコンセプトには、常識とは言えないものも多いことがおわかりいただけただろう。これらはわれわれの直感に反しているからこそ、小さなディテールをきちんとやることが何より重要であると強調してきた。それさえできれば――一夜にしてオリンピック選手や大富豪のCEOにはなれないにしても――あなた自身やまわりの人の人生に有意義な変化をもたらすことができるだろう。

共有し、あきらめずにやり抜く

本書をどのように締めようかとふたりで散々悩んだが、結局、この1年間、ふたりで共に執筆にあたり、強く心に響いた本書のテーマに立ち返ることにした。

おそらく、本書のテーマのなかでもっとも重要なのは、目標達成において他者のサポートがいかに重要かということだろう。行動洞察チームのメンバー全員と、長年にわたってわれわれのさまざまな取り組みの設計と実施に力を貸してくれた何千人もの方々の協力なくして本書は書けなかった。また、われわれの妻たち、エレインとソフィーのサポートと助言とフィードバックなくしてはやり遂げることはできなかった。本書を共著という形にしたのもよかった。互いに考えをシェアし、ぶつかり合ったことで、執筆活動がより充実したものになった。

ここで、われわれがこれまでに得た最高のアドバイスをご紹介しよう——**利他は巡り巡って利己となる。**

人と一緒に取り組むことと併せて推奨したいのは、自分にとってチャレンジだと思うことに果敢に挑んでみることだ。これこそ、われわれが提案してきたことの総仕上げであり、パズルの最後のピースだ。自分にとってもっともハードルが高いものをあえて伸ばそうと努力を続けること。新しいテクニックを試しながら、何が有効で何が有効でないかを探っていくことに他ならない。

まさにこのことを、われわれは本書の執筆で実践した。行動科学の分野で得た新しい考え方にあえて取り組んだのだ。そして、執筆に際しては、共著のさまざまな方法を試しながら作業スキルを上げ、最終的にお互いにしっくりくる方法を見つけることができた。[Con-2] このように、チャレンジしたことをやり遂げた経験はレジリエンスを高め、目標達成スキルも向上させる。かつて偉大な経済学者ジェームズ・ヘックマンは「スキルがスキルを生む」と言った。これが意味するところは、ひとつの目標を達成すると、次なる目標達成への足場が築かれる、ということだ。あなたもそうあってほしいと心から願ってやまない。

付録1　シンク・スモール実践編

読者が目標を設定する際のテンプレートとして活用できるよう、本書の7つのステップを取り入れた目標例をいくつか提示しよう。ごく一般的な目標を参考例として4つ選んだ。このアプローチをそれぞれ自分の目標に当てはめてみてほしい。もちろん、これらのルールがすべての目標に当てはまるわけではない（すべてのルールは付録2ご参照）。そこで、ひとつ目の目標例ではすべてのルールの活用例を示し、他の3つではいくつかのルールを選択して組み合わせた例とした。ぜひこの7つのステップからなるフレームワークをあなたの目標達成の足場として活用してほしい。

あきらめない
コミットメント
報酬
共有
フィードバック
プランニング
目標設定

目標：健康な体をつくる

【ステップ1】目標設定

□適切な目標を選択する

体の調子を整えて健康になる――そのためにマラソンをする

□明確な到達点と達成期限を設定する

5月末までに（または、いまから5カ月後までに等）4時間以内で完走できるようになる

□目標を自分で管理できるステップに分解する

週ベースのトレーニングメニューを練習要素ごと（インターバルトレーニング、中距離ランニング、長距離ランニング、水泳または自転車）につくり、10キロ（2月）、ハーフマラソン（3月）、フルマラソン（5月）へとレベルアップする

【ステップ2】プランニング

□**シンプルなプランにする**

週4日トレーニングをする

□**実行可能なプランを立てる**

スケジュール帳にトレーニング内容を書き込む：月曜朝出勤前（インターバルトレーニング）、水曜朝出勤前（中距離ランニング）、土曜朝（長距離ランニング）、日曜朝（水泳または自転車）

□**プランを習慣化する**

月・水・土・日曜の朝のルーティンを、いつも同じ事柄を合図にして繰りかえし取り組む（アラームが鳴ったら軽い朝食を済ませて、トレーニング開始）

【ステップ3】コミットメント

□**コミットメントを決める**

自分で決めた目標とプランにコミットする

□**コミットメントを書き出し、公にする**

職場の仲間にメールして、目標タイムとトレーニングプランを知らせる

□**コミットメントレフリーを任命する**

職場の仲間のひとりに毎週のトレーニング目標のレフリー役を頼む

［ステップ4］　報酬

□重要なものを報酬にする

6月のパートナーとの旅行をあらかじめ予約しておく。目標を達成した場合にのみ行くことができる

□小さな報酬で良い習慣をつける

ランニング中にだけ、お気に入りの音楽やポッドキャストを聴ける

□逆効果に注意する

5月までに開催されるマラソン大会で、目標の4時間以内でフィニッシュできなかった場合は200ポンド、完走できなかったりそもそも出場しなかったりした場合は500ポンドをチェルシーFC（大嫌いなサッカーチーム）に払う手続きをしておく

［ステップ5］　共有

□協力を仰ぐ

トレーニングの前の夜は酒を飲まないようにし、午後10時までには寝ることをパートナーと決めておく

□**社会的ネットワークを活用する**

毎週土曜の長距離ランニングのためのランニング仲間を探し、毎週日曜の水泳／自転車にはパートナーに付き合ってもらうようにする

□**グループパワーを使う**

他の人たちと一緒にチャリティーマラソンで寄付をする（同じマラソン大会に出場予定の人たちが多く参加するチャリティーに登録する等）

［ステップ6］フィードバック

□**目標までの自分の立ち位置を知る**

ラントラッカーでトレーニング時間や走行距離を記録する

□**タイムリーで具体的、すぐに対応可能で、本人の努力に注目したものにする**

トレーニング中や出場した大会でタイムを記録し、そこでの平均走行速度（1キロ5分35秒等）と比較する

□自分のパフォーマンスを人と比較する
自分のトレーニングプランやラントラッカーを、マラソンのトレーニング仲間と比較する

［ステップ7］あきらめない

□練習の質と量を高める
徐々にスタミナとペースを上げていき、常に目標タイムを縮めることに集中する

□試しながら学ぶ
いろいろな種類のジョギングシューズやソックスや靴ひもを試し、長距離走行中に靴ずれができないようにする

□振りかえって自分の成功を祝う
ゴールラインを越えた瞬間の自分の写真と、チャリティーマラソンの受益者の写真をキッチンに飾る

目標：子どもたちと過ごす時間を増やす

【ステップ1】目標設定

□適切な目標を選択する

子どもたちとの絆を深める

□明確な到達点と達成期限を設定する

2017年の1年の間、週に少なくとも平日3日は夜、子どもたちに読み聞かせをしたり、一緒に風呂に入ったり、寝る支度を手伝ったりする

【ステップ2】プランニング

□シンプルなプランにする

毎週月・火・金曜は午後5時に退社する

□実行可能なプランを立てる

午前7時30分までに出社し、午後4時30分までに日中の打ち合わせを終えられるよう予定を組む。午後4時45分にスマホのリマインダーやアラー

ム機能を子どもたちの写真付きでセットする。このリマインダーが鳴った時点でまだ仕事が終わっていなければ、直ちにパソコンをシャットダウンし、至急の仕事のみ子どもたちを寝かしつけた後にやる

【ステップ３】コミットメント

□コミットメントを決める

毎週日曜の夜、その週に子どもたちに読み聞かせる本を決め、この本のリストをあらかじめ協力を依頼してあった仕事仲間にメールで送る

【ステップ４】報酬

□逆効果に注意する

毎週のリストの目標を達成できなかった場合は、１週間、仕事仲間にランチをおごり、週末、子どもたちが選んだ服を着なければならない

【ステップ５】共有

□協力を仰ぐ

夕方の打ち合わせや泊まりがけの出張を減らし、月・火・金曜には午後5時に退社させてもらえるよう上司に掛け合う

【ステップ6】フィードバック

□目標までの自分の立ち位置を知る

家のキッチンにあるカレンダーに進捗を書き込み、これを毎週仕事仲間に写メする

【ステップ7】あきらめない

□試しながら学ぶ

いろいろな種類の本（絵本、仕掛け絵本、少し長めの物語等）を読み聞かせたり、歌を歌ってあげたりしながら、どれが子どもたちにもっともウケるか、寝る支度がはかどるかを探る

□振りかえって自分の成功を祝う

毎月、どの本が一番気に入ったかを子どもたちに訊き、それを友人たちと共有する

目標：良いマネージャーになる

【ステップ1】目標設定

□適切な目標を選択する

コミュニケーションとフィードバックを改善することによって、職場のチームメンバーとより良い関係を築く

□明確な到達点と達成期限を設定する

毎年行われる全社員を対象とした調査で、スタッフの関与度、コミュニケーション、フィードバックに関するチームの評点をアップさせる

【ステップ2】プランニング

□シンプルなプランにする

仕事の状況把握とフィードバックのため、一定の時間（毎週金曜日の午前9時から午後2時まで）を確保し、他の用件を入れないようにする

□実行可能なプランを立てる

毎週金曜日に、毎月交代で直属のメンバーとのマンツーマンの面談を持つ。毎週、各メンバーとフィードバックのためのドロップインセッションを行う。チームミーティングで成功事例や課題の共有を行う。月に1回、主な優先事項や成果や反省点等をまとめてチームメンバーにメールする

□プランを習慣化する

毎日終業前の15分をフィードバックの内容の精査・分析に充てる。毎週金曜の朝一の30分をチームミーティングで行う現状把握や週ごとのフィードバックの準備に充てる。チームメンバーにも同じことをしてもらうため、全員にスケジュールリマインダーのデフォルトを送る

[ステップ3] コミットメント

□コミットメントを書き出し、公にする

チームとマネージャーに対し、週1回のチームミーティング、ドロップインセッション、フィードバックセッション、メール送信を行うことをコミットし、進捗を評価するために3カ月ごとにレビューを実施する

【ステップ4】　報酬

□小さな報酬で良い習慣をつける

チームのフィードバックセッションで、もっとも誠実かつ実行可能なフィードバックを行なったメンバーを評価するスタッフ報酬スキーム（上限150ポンド）をつくる。その150ポンドのうち、100ポンドは自分自身の経験のために使い、残りの50ポンドはフィードバックの対象となった分野で協力してくれたメンバーのために使うよう促す

【ステップ5】　共有

□社会的ネットワークを活用する

プロジェクトの終了時に全スタッフが互いにフィードバックをし合う迅速なフィードバックシステムをつくる

□グループパワーを使う

コミュニケーションやマネージメントスキルの向上を目指すスタッフたちと、月1回、情報共有や学びのセッションを立ち上げて連携する

【ステップ6】フィードバック

□目標までの自分の立ち位置を知る

毎週受け取るメールやフィードバックを記録し、月に1回レビューする

（3カ月ごとのレビューの間で行う）

【ステップ7】あきらめない

□試しながら学ぶ

さまざまなフィードバックセッションやメールの方法を試し、生産的なディスカッションや積極的な関与を最大限引き出せるのはどれかを探る

目標：だれかをサポートする

【ステップ1】目標設定

□適切な目標を選択する

他者の力になる——地元の慈善団体を通じて資金を集めて、サポートを必要としている若者にメンタリングを行う

□明確な到達点と達成期限を設定する

２０１７年５月までに、１年間のメンタリングプログラムを開始する

□目標を自分で管理できるステップに分解する

２０１７年２月までに慈善団体と合意を結び、２０１７年５月からメンタリングと資金集めを開始する

【ステップ2】プランニング

□シンプルなプランにする

担当するメンティーと毎週火曜日午後５時に会う

□実行可能なプランを立てる
毎週火曜は午後4時に退社し、教育的で楽しく、内省を促すような活動内容や、1年かけてふたりで一緒にチャレンジできるものを3つ考える

【ステップ3】コミットメント
□コミットメントを書き出し、公にする
資金集めのためのウェブサイトを立ち上げる。毎週メンティーと会い、一緒に3つのことにチャレンジして1年間で1000ポンドを集めることをサイト上でコミットする

【ステップ4】報酬
□小さな報酬で良い習慣をつける
メンタリングの後には、自分へのご褒美として大好きな店の料理をテイクアウトする

【ステップ5】共有

□協力を仰ぐ

メンティーと行う活動やチャレンジはどんなものがよいか、家族や友人や職場の同僚に相談する

□社会的ネットワークを活用する

SNSを活用して資金を募る

【ステップ6】フィードバック

□目標までの自分の立ち位置を知る

実行済みの活動やチャレンジ、目標額に対して集まった金額を記録する

□タイムリーで具体的、すぐに対応可能なものにする

あなたの行なった活動やチャレンジに関する定期的なフィードバックをメンティーからもらい、進捗を評価する。これを、メンティーと近い関係にある人（親、チャリティー、学校からの報告書等）からの意見と照合する

【ステップ7】あきらめない

□練習の質と量を高める

さまざまなメンタリングやコーチングのテクニックを実践する。特に、能動的で建設的な対応を心がけ、積極的なリスニングスキルを身につける

□振りかえって自分の成功を祝う

1年間を振りかえり、メンティーに一番好きだった活動と一番重要だと思ったディスカッションや教訓について訊き、一緒に写真を撮って互いにその瞬間を忘れないようにする

付録2　ルール（黄金律）

目標設定

◎適切な目標を選択する
◎目標はひとつに絞り、明確な到達点と達成期限を設定する
◎目標を自分で管理できるステップに分解する

プランニング

◎シンプルなプランにする
◎実行可能なプランを立てる
◎プランを習慣化する

コミットメント

◎コミットメントを決める
◎コミットメントを書き出し、公にする

◎コミットメントレフリーを任命する

報酬

◎重要なものを報酬にする
◎小さな報酬で良い習慣をつける
◎逆効果に注意する

共有

◎協力を仰ぐ
◎社会的ネットワークを活用する
◎グループパワーを使う

フィードバック

◎目標までの自分の立ち位置を知る
◎タイムリーで具体的、すぐに対応可能で、本人の努力に注目したものにする

◎自分のパフォーマンスを人と比較する

あきらめない

◎練習の質と量を高める
◎試しながら学ぶ
◎振りかえりをして自分の成功を祝う

謝辞

本書を世に出すことができたのは、偏に行動洞察チーム（ＢＩＴ）――通称ナッジ・ユニット――のすばらしい仲間たちの協力と助言と数多くの研究結果のおかげである。いまやＢＩＴは多数のスタッフを抱える組織となり、ここでそのひとりひとりの名前を挙げることはできないが、２０１０年にこの取り組みを開始した当時の創設メンバー――デービッド、サミュエル、サイモン、フェリシティ、マイケル（・ホールズワース）――には特に感謝の意を伝えたい。ＣＥＯのデービッドはいまも、そしてこの先もずっと、ＢＩＴの原動力でありチームの頭脳だ。彼はこれまで、この取り組みに献身的に時間と思考を注ぎ、メンバーの個々の力だけでは到達できないレベルまで、われわれの考えや行動を引き上げてくれた。シンガポールオフィスの責任者サミュエル、マンチェスターオフィスの責任者フェリシティ、内政、国際、健康、税等の各種プログラムを統括するサイモンとマイケル――彼らの鋭い思考とウィットと友情のおかげで、われわれの執筆活動は笑いと学びにあふれたものとなった。

この創設メンバーを中心にスタッフを拡充し、BITの専門性を新たな分野に広げていった。この場を借りて、みなに感謝の意を表したい。研究・分析を統括してくれたマイケル（・サンダース）、ニューヨークオフィスの責任者エルスペス、創設初期のBITに入ってくれた怖いもの知らずのヒューゴ、ジョー、アレックス（・ギアニ）、アレックス（・タッパー）、ラジ、マルコス、エド、オリー、アンディ、ニッキー。ローリーを支えてくれたオーストラリアオフィスとニューサウスウェールズ州政府専属ユニットのメンバー。そして最後に、BITの役員たちにお礼を申し上げたい。ピーター、フィリップ、ヘレン、ジャネット、ニッキー、イアン、エリザベス、ツィー――いまのBITがあるのは彼らの尽力があってこそだ。

BITの特徴は、学術的研究と実際の政策介入を融合したところにある。長い間、このチームをサポートし、導いてくれた行動科学分野の専門家たちには深く感謝している。なかでも、リチャード・セイラー氏は、2010年の創設当初から、BITにとって欠かせないアドバイザーであり友人であった。リチャードとともに『NUDGE　実践　行動経済学　完全版』（遠藤真美訳、日経BP社）を書いたキャス・サンスティーン氏もまた、われわれをいつも支援し導いてくれた。イギリスの学術的アドバイザーの方々――テレサ・マルトー教授、ピーター・ジョン教授、ニック・チェイター教授等――にも、BITの立ち上げ当初から大変お世話になった。ハーバード大学の研究者たちにも感謝の意を伝えたい。特に、同大学の行動洞察グループ共同議長であるマックス・ベイザーマン教授には、これまで多くのご助言とご支援をいただいた。

2010年からBITが手掛けた主な政府関連プログラムの監督者として、内閣官房長官ガス・オドンネル氏と、その後任のジェレミー・ヘイウッド氏という、ふたりの優れた閣僚を得られたのは実に幸運だった。ふたりはいまでも、われわれの取り組みを大いにサポートしてくれており、長年にわたるそのご協力に深く感謝申し上げたい。

本書の執筆にあたっては、マイケル・オマラ・ブックスの編集者ジョー・スタンサール氏に大変お世話になった。執筆期間を通じ、同氏および同社制作チームにはさまざまなご支援やご提案をいただき、心から感謝している。

本書が読者に興味を持っていただけるものになっているとすれば、それは本書が、プロフェッショナルとパーソナルの境界をあえて曖昧にし、仕事で得た洞察を日常生活に応用することをコンセプトとしたからだろう。その意味で、われわれの家族、特に妻たち——いつも協力的で、洞察力と思いやりに満ちたソフィーとエレイン——には最大の感謝を伝えたい。奇遇にも、本書の執筆時期はわれわれふたりがそれぞれ結婚生活を始めた時期と重なっていた。早朝、深夜、週末の執筆活動を忍耐強く支え励ましてくれた妻たちには感謝しかない。本当にありがとう。

原注

序文

1 HMG (2010), 'The Coalition: Our Programme for Government'.イギリス政府公表(2010年)「連立政権――われわれの政権綱領」

2 行動洞察チームの活動の詳細については以下の書籍を参照。D. Halpern (2015), *Inside the Nudge Unit: How Small Changes Can Make a Big Difference*

3 Oettingen, G. (2014), *Rethinking Positive Thinking: Inside the New Science of Motivation* [『成功するにはポジティブ思考を捨てなさい:願望を実行計画に変えるWOOPの法則』ガブリエル・エッティンゲン著、大田直子訳、講談社、2015年]; Hofmann, S., A. Asnaani, I. Vonk, A. Sawyer and A. Fang (2012), 'The Efficacy of Cognitive Behavioral Therapy: A Review of Meta-analyses'.

はじめに

1 本書で言及されている人物の氏名は、実験に参加した被験者は仮名で、行動洞察チームのスタッフは本名で記載している。

2 カーネマンは、キース・スタノヴィッチとリチャード・ウェストの研究で言及された思考モード「システム1」「システム2」を参考に、それぞれ「ファストシステム(速い思考)」「スローシステム(遅い思考)」として提唱した。

3 Kahneman, D. (2011), *Thinking, Fast and Slow.*[『ファスト&スロー:あなたの意思はどのように決まるか?』(上・下)ダニエル・カーネマン著、村井章子訳、早川書房、2012年]

4 Thaler, R. and C. Sunstein (2008), *Nudge: Improving Decisions about Health, Wealth and Happiness.*[『実践行動経済学:健康、富、幸福への聡明な選択』リチャード・セイラー、キャス・サンスティーン著、遠藤真美訳、日経BP社、2009年]

5 同上

6 Mullainathan, S. and E. Shafir (2013), *Scarcity: Why Having Too Little Means So Much.* [『いつも「時間がない」あなたに:欠乏の行動経済学』センディル・ムッライナタン、エルダー・シャフィール著、大田直子訳、早川書房、2015年]

7 Haynes, L., O. Service, B. Goldacre and D. Torgerson (2012), 'Test, Learn, Adapt: Developing Public Policy with Randomised Controlled Trials'.

8 Bell, C. (2013), 'Inside the Coalition's controversial 'Nudge Unit''; *Daily Telegraph*

第1章　目標設定

1 Dunn, E., L. Aknin and N. Norton (2009), 'Spending Money on Others Promotes Happiness'.

2. Halpern (2015), *Inside the Nudge Unit: How Small Changes Can Make a Big Difference*

3 Diener, E. (1984), 'Subjective Well-being'; Layard, R. (2005), *Happiness: Lessons from a*

New Science; Seligman, M. (2002), *Authentic Happiness: Using the New Positive Psychology to Realize Your Potential for Lasting Fulfillment*[『世界でひとつだけの幸せ:ポジティブ心理学が教えてくれる満ち足りた人生』マーティン・セリグマン著、小林裕子訳、アスペクト、2004年]; Gilbert, D. T. (2007), *Stumbling on Happiness* [『幸せはいつもちょっと先にある:期待と妄想の心理学』ダニエル・ギルバート著、熊谷淳子訳、早川書房、2007年]. より広範な文献の概要については、Halpern, D. (2015) , *Inside the Nudge Unit: How Small Changes Can Make a Big Difference*の第9章(「Well-Being」)を参照。

4 Halpern (2015), *Inside the Nudge Unit.*

5 Dunn, E., D. Gilbert and T. Wilson (2011), 'If Money Doesn't Make You Happy Then You Probably Aren't Spending It Right'; Dolan, P. (2014), *Happiness by Design: Change What you Do, Not How you Think* [『幸せな選択、不幸な選択:行動科学で最高の人生をデザインする』ポール・ドーラン著、中西真雄美訳、早川書房、2015年].

6 5つのファクターは、The New Economics Foundation (2008), による優れた報告書「Five Ways to Wellbeing」を参考にしたもの。同報告書は、ウェルビーイング向上に関心を持つ個人や組織によって幅広く利用されることを目的に、イギリス政府からの委託で同財団により公表されたもの。

7 Dolan, P., T. Peasgood and M. White (2008), 'Do We Really Know What Makes Us Happy? A Review of the Economic Literature on the Factors Associated with Subjective Wellbeing'.

8 同上

9 Halpern (2015), *Inside the Nudge Unit.*

10 Holt-Lunstad, J., T. Smith and J. Layton (2010), '*Social Relationships and Mortality Risk: A Meta-analytic Review*'. Halpern (2015), *Inside the Nudge Unit*内で引用。

11 Dolan, Peasgood and White (2008), 'Do We Really Know What Makes Us Happy?'

12 Layard, R., A. Clark and C. Senik (2012), 'The Causes of Happiness and Misery', *World Happiness Report* 第3章。

13 Australian Government (2012), 'Benefits to Business: The Evidence for Investing in Worker Health and Wellbeing'.

14 National Health Service (2015): 'Exercise for Depression'.

15 The New Economics Foundation (2008), 'Five Ways to Wellbeing'.

16 New Economics Foundation (2008), 'Five Ways to Wellbeing' 中に引用されているHuppertの研究結果。

17 Van Bovan, L. and T. Gilovich (2003), 'To Do or to Have? That Is the Question'.

18 New Economics Foundation (2008), 'Five Ways to Wellbeing'.

19 Greenfield, E. and N. Marks (2004), 'Formal Volunteering as a Protective Factor for Older Adults' Psychological Well-being'.

20 *Harvard Business Review,* January–February issue (2012), 'The Science Behind the Smile'. Gilbert, D. T. (2007), *Stumbling on Happiness* [『幸せはいつもちょっと先にある:期待と妄想の心理学』]も参照されたい。

21 The Behavioural Insights Team (2013), 'Applying Behavioural Insights to Charitable Giving'.

22. Soman, D. and M. Zhao (2011), 'The Fewer the Better: The Number of Goals and

Savings Behavior'.
23 同上
24 Emmons, R. and L. King (1988), 'Conflict among Personal Strivings: Immediate and Long-term Implications for Psychological and Physical Wellbeing'.
25 Locke, E. and G. Latham (2002), 'Building a Practically Useful Theory of Goal Setting and Task Motivation: A 35-Year Odyssey'.
26 Sheeran, P. (2002), 'Intention–Behavior Relations: A Conceptual and Empirical Review'.
27 Gollwitzer, P. and P. Sheeran (2002), 'Implementation Intentions and Goal Attainment: A Meta Analysis of Effects and Processes'.
28 Inman, J. and L. McAlister (1994), '*Do Coupon Expiration Dates Affect Consumer Behavior?*'.
29 Ariely, D. and K. Wertenbroch (2002): 'Procrastination, Deadlines, and Performance'.
30 Syed, M. (2015), 'Viewpoint: Should We All Be Looking for Marginal Gains?'.
31 Pidd, H. (2016), 'How Scientific Rigour Helped Team GB's Saddle-Sore Cyclists on Their Medal Trail'.
32 Miller, G. (1956), 'The Magical Number Seven, Plus or Minus Two: Some Limits on our Capacity for Processing Information'.
33 Rea, P. (2016), 'How to Go from Zero to Marathon in Six Months'.
34 Bandura, A. and D. Schunk (1981), 'Cultivating Competence, Self-Efficacy, and Intrinsic Interest through Proximal Self-Motivation'.
35 Boice, B. (1990), *Professors as Writers: A Self-Help Guide to Productive Writing.*
36 Highsmith, J. (2004), *Agile Project Management: Creating Innovative Products.* Addison-Wesley Professional.[『アジャイルプロジェクトマネジメント:最高のチームづくりと革新的な製品の法則』ジム・ハイスミス著、平鍋健児、高嶋優子、小野剛訳、日経BP社、2005年]
37 Latham, G. and G. Seijts (1999), 'The Effects of Proximal and Distal Goals on Performance on a Moderately Complex Task'. Locke and Latham (2002), 'Building a Practically Useful Theory of Goal Setting and Task Motivation'.内で引用。
38 Baumeister, R. and J. Tierney (2012), *Willpower: Rediscovering the Greatest Human Strength.*[『Willpower 意志力の科学』ロイ・バウマイスター、ジョン・ティアニー著、渡会圭子訳、インターシフト、2013年]

第2章　プランニング

1 Fraser, M. and D. Soumitra (2008), 'Barack Obama and the Facebook Election'.
2 Nickerson, D. W. and T. Rogers (2010), 'Do You Have a Voting Plan? Implementation Intentions, Voter Turnout, and Organic Plan Making'.
3 同上
4 同上
5 *Daily Mail* (2015): 'Why well-off women are most likely to have a problem with alcohol: Richest fifth are three times more likely to drink every day than those on lower incomes'.

6 Sutherland, R. (2013), 'If you want to diet, I'm afraid you really do need one weird rule'; *Spectator*
7 Thefastdiet.co.uk (2016), 'How Does the Fast Diet Work?'.
8 Mata, J., P. Todd and S. Lippke (2009), 'When Weight Management Lasts: Lower Perceived Rule Complexity Increases Adherence'.
9 Milkman, K., J. Beshears, J. Choi, D. Laibson and B. Madrian (2011), 'Using Implementation Intentions Prompts to Enhance Influenza Vaccination Rates'.
10 同上
11 Gollwitzer and Sheeran (2002), 'Implementation Intentions and Goal Attainment'; Gollwitzer, P. and V. Brandstatter (1997), 'Implementation Intentions and Effective Goal Pursuit'.
12 Gollwitzer and Sheeran (2002), 'Implementation Intentions and Goal Attainment'.
13 Ibid.; Milkman, Beshears, Choi, Laibson and Madrian (2011), 'Using Implementation Intentions Prompts to Enhance Influenza Vaccination Rates'.
14 Oettingen, G., G. Honig and P. Gollwitzer (2000), 'Effective Self-Regulation of Goal Attainment'.
15 Oettingen, G. (2014), *Rethinking Positive Thinking.*[『成功するにはポジティブ思考を捨てなさい:願望を実行計画に変えるWOOPの法則』]
16 Robins, L., D. Davis and D. Goodwin (1974), 'Drug Use by US Army Enlisted Men in Vietnam: a Follow-Up on their Return Home'.
17 Bernheim, D. and A. Rangel (2004), 'Addiction and Cue-Triggered Decision Processes'; Dolan (2014), *Happiness by Design*[『幸せな選択、不幸な選択:行動科学で最高の人生をデザインする』ポール・ドーラン著、中西真雄美訳、早川書房、2015年]にも引用されている。
18 Bernheim and Rangel (2004), 'Addiction and Cue-Triggered Decision Processes'.
19 Jacobs, L. (2013), *The History of Popcorn!*
20 Neal, D., W. Wood, M. Wu and D. Kurlander (2011), 'The Pull of the Past: When Do Habits Persist Despite Conflict With Motives?'.
21 University of Southern California (2011), 'Habit Makes Bad Food Too Easy to Swallow'.
22 Lally, P. (2010), 'How Habits are Formed'.
23 Lally, P. and B. Gardner, (2011), 'Promoting Habit Formation'.
24 Lally, P. (2010), 'How Habits are Formed'.
25 Neal, Wood, Wu and Kurlander (2011), 'The Pull of the Past'.
26 Lally (2010), 'How Habits are Formed'.

第3章　コミットメント

1 Dellavigna, S. and U. Malmendie (2006), 'Paying Not to Go to the Gym'.
2 Read, D., G. Loewenstein and S. Kalyanaraman (1999), 'Mixing Virtue and Vice: Combining the Immediacy Effect and the Diversification Heuristic'.
3 同上
4 同上

5 Bryan, G., D. Karlan and S. Nelson (2010), 'Commitment Devices'.
6 Cialdini, R. (1984), *Influence: The Psychology of Persuasion.*[『影響力の正体:説得のカラクリを心理学があばく』ロバート・B・チャルディーニ著、岩田佳代子訳、SBクリエイティブ、2013年]
7 Ashraf, N., D. Karlan and W. Yin (2006), 'Tying Odysseus to the Mast: Evidence from a Commitment Savings Product in the Philippines'.
8 同上
9 Huyghe, E., J. Verstraeten, M. Geuens and A. Van Kerckhove (2016): 'Clicks as a Healthy Alternative to Bricks: How Online Grocery Shopping Reduces Vice Purchases'.
10 Asch, S. (1955), 'Opinions and Social Pressure'.
11 Deutsch, M. and H. Gerard (1955), 'A Study of Normative and Informational Social Influence upon Individual Judgment'.
12 同上
13 この実験にはもうひとつ興味深いバリエーションがあった。それは、一部の被験者に自分の答えを小さなホワイトボードに一旦書かせた後、直ちに消し去った場合どうなるか、というものだった。このバリエーションにおいてもまちがいは減少した(減少幅は3分の1程度ではあったが)。この実験により、書き出すという行為は、たとえそれを見るのが自分だけだとわかっていたとしても、一定の効果があるということが示された。
14 Thomas, A. and R. Garland (1993), 'Supermarket Shopping Lists: Their Effect on Consumer Expenditure'.
15 Moriarty, T. (1975), 'Crime, Commitment and the Responsive Bystander'.
16 Cialdini (1984), *Influence.*[[『影響力の正体:説得のカラクリを心理学があばく』]
17 Locke and Latham (2002), 'Building a Practically Useful Theory of Goal Setting and Task Motivation'.
18 Kerr, N. and R. MacCoun (1985), 'The Effects of Jury Size and Polling Method on the Process and Product of Jury Deliberation'.
19 Olson, R. (2014), 'What Makes for a Stable Marriage', 以下のブログに掲載。http://www.randalolson.com/2014/10/10/what-makes-for-a-stable-marriage/
20 Francis, A. and H. Mialon (2014), ''A Diamond is Forever' and Other Fairy Tales: The Relationship between Wedding Expenses and Marriage Duration'.
21 Gollwitzer, P., P. Sheeran, V. Michalski and A. Seifert (2009), 'When Intentions Go Public Does Social Reality Widen the Intention–Behavior Gap?'
22 https://www.youtube.com/watch?v=sCX_TcKDr4w
23 Ayres, I. (2010), *Carrots and Sticks: Unlock the Power of Incentives to Get Things Done.*[『ヤル気の科学:行動経済学が教える成功の秘訣』イアン・エアーズ著、山形浩生訳、文藝春秋、2012年]
24 Baumeister, R. and Tierney, T. (2012), *Willpower.*[『Willpower 意志力の科学』]
25 http://www.glowcaps.com/

第4章　報酬

1 Burgess, S., R. Metcalfe, S. Sadoff (2016), 'Understanding the response to financial and non-financial incentives in education: Field experimental evidence using high-

stakes assessments'.
2 Giné, X., D. Karlan and J. Zinman (2009), 'Put Your Money Where Your Butt Is: A Commitment Contract for Smoking Cessation'.
3 同上
4 http://qje.oxfordjournals.org/content/115/3/791.short
5 Kahneman, D. and A. Tversky (1992), 'Advances in Prospect Theory: Cumulative Representation of Uncertainty'.
6 Kahneman, D., J. Knetsch and R. Thaler (1991), 'The Endowment Effect, Loss Aversion, and Status Quo Bias'.
7 Loewenstein, G., J. Price and K. Volpp (2014), 'Habit Formation in Children: Evidence from Incentives for Healthy Eating'.
8 Belot, M., J. James and P. Nolen (2014), 'Incentives and Children's Dietary Choices: A Field Experiment in Primary Schools'.
9 Frey, B. and F. Oberholzer-Gee (1997), 'The Cost of Price Incentives: An Empirical Analysis of Motivation Crowding-Out'.
10 Lacetera, N., M. Macis and R. Slonim (2012), 'Will There Be Blood? Incentives and Displacement Effects in Pro-Social Behaviour' and Titmuss, R. (1970), *The Gift Relationship.*
11 Gneezy, U. and Rusticini, A. (2000): A Fine is a Price.
12 Ordóñez, L. D., M. E. Schweitzer, A. D. Galinsky and M. H. Bazerman (2009), 'Goals Gone Wild: The Systematic Side Effects of Overprescribing Goal Setting'; and Ariely, D., U. Gneezy, G. Loewenstein and N. Mazar (2009), 'Large Stakes and Big Mistakes'.
13 Finkelstein, E., H. Hua, U. Gneezy and M. Bilger (2015), 'A Randomized Controlled Trial to Motivate and Sustain Physical Activity Among Taxi Drivers Using Financial Incentives'.
14 Anik, L., L. Aknin, M. Norton, E. Dunn and J. Quoidbach (2013), 'Prosocial Bonuses Increase Employee Satisfaction and Team Performance'.

第5章　共有

1 Christakis, M. and J. Fowler (2008), 'The Collective Dynamics of Smoking in a Large Social Network'.
2 同上
3 Thaler, R. (2015), *Misbehaving.*［『行動経済学の逆襲』リチャード・セイラー著、遠藤真美訳、早川書房、2016年］中に引用されているアマルティア・セン氏の言葉。
4 Gigerenzer, G. (2007), *Gut Feelings: The Intelligence of the Unconscious.*［『なぜ直感のほうが上手くいくのか?:「無意識の知性」が決めている』ゲルト・ギーゲレンツァー著、小松淳子訳、インターシフト、2010年］
5 Brooks, D. (2011), *The Social Animal: The Hidden Sources of Love, Character, and Achievement.*［『人生の科学:「無意識」があなたの一生を決める』デイヴィッド・ブルックス著、夏目大訳、早川書房、2012年］
6 Flynn, F. and V. Lake (2008), 'If You Need Help, Just Ask: Underestimating

Compliance With Direct Requests for Help'.
7 同上
8 Bohns, V. (2016), '(Mis)Understanding Our Influence over Others: A Review of the Underestimation-of-Compliance Effect'.
9 同上
10 Education Endowment Foundation (2016), 'Texting Parents Evaluation Report and Executive Summary'.
11 Bowman-Perrott, L., H. Davis, K. Vannest, L. Williams, C. Greenwood and R. Parker (2013), *Academic Benefits of Peer Tutoring: A Meta Analytic Review of Single-Case Research.*
12 The Education Endowment Foundation (2016), 'Peer Tutoring: Technical Appendix'.
13 Wing, R. and R. Jeffery (1999), 'Benefits of Recruiting Participants with Friends and Increasing Social Support for Weight Loss and Maintenance'.
14 Irwin, B., J. Scorniaenchi, N. Kerr, J. Eisenmann and D. Feltz (2012), 'Aerobic Exercise Is Promoted when Individual Performance Affects the Group: A Test of the Kohler Motivation Gain Effect'.
15 Rogers, T. and K. Bohling (2015), 'Thinking about Texting Parents? Best Practices for School to Parent Texting'.
16 Metcalfe, T. and R. LaFranco (2013), 'Lego Builds New Billionaires as Toymaker Topples Matel'; bloomberg.com掲載記事。
17 Robertson, D. (2013), 'Building Success: How Thinking 'inside the brick' saved Lego'; wired.com掲載記事。
18 https://ideas.lego.com/howitworks.
19 Robertson, D. (2013), *Brick by Brick: How LEGO Rewrote the Rules of Innovation and Conquered the Global Toy Industry.*[『レゴはなぜ世界で愛され続けているのか:最高のブランドを支えるイノベーション7つの真理』デビッド・C・ロバートソン、ビル・ブリーン著、黒輪篤嗣訳、日本経済新聞出版社、2014年]
20 Fritolay (2014), 'Meet the Lays Do Us a Flavor Winning Flavor'; www.fritolay.com.
21 Grant, A. (2013), *Give and Take.*[『Give & take:「与える人」こそ成功する時代』 アダム・グラント著、楠木建監訳、三笠書房、2014年]
22 Christakis and Fowler (2008), 'The Collective Dynamics of Smoking in a Large Social Network'.
23 同上
24 Jebb, S., A. Ahern, A. Olson, L. Aston, C. Holzapfel, J. Stoll, U. Amann-Gassner, A. Simpson, N. Fuller, S. Pearson, N. Lau, A. Mander, H. Hauner and I. Caterson (2011), 'Primary Care Referral to a Commercial Provider for Weight Loss Treatment Versus Standard Care: A Randomised Controlled Trial'.
25 Kast, F., S. Meier and D. Pomeranz (2012), 'Under-Savers Anonymous: Evidence on Self-Help Groups and Peer Pressure as a Savings Commitment Device'.
26 Galton, F. (1907), 'Vox Populi'.
27 Tetlock, P. and D. Gardner (2014), *Superforecasting: The Art and Science of Prediction.* [『超予測力:不確実な時代の先を読む10カ条』フィリップ・E・テトロック、ダン・ガードナー著、土

方奈美訳、早川書房、2016年]
28 Glazebrook, K. (2016), 'Would You Hire on the Toss of a Coin?'; bi.teamに投稿されたブログ記事。
29 Tetlock, P. and Gardner (2014), *Superforecasting.*[『超予測力:不確実な時代の先を読む10カ条』]
30 Harford, T. (2016), *Messy: The Power of Disorder to Transform Our Lives.* [『ひらめきを生み出すカオスの法則』ティム・ハーフォード著、児島修訳、TAC株式会社出版事業部、2017年]
31 われわれが「シンクグループ」と呼ぶこのプロセスは、アーヴィング・ジャニスが体系化した集団思考という現象——「仲間うちの間で一致を求める傾向が強くなるあまり、別の行動方針に関する現実的な評価がしにくくなる現象」——を打開するためのひとつの試みだった。

第6章 フィードバック

1 Annual Report of the Chief Medical Officer: Volume Two, 2011: 'Infections and the Rise of Antimicrobial Resistance'.
2 Hallsworth, M., T. Chadborn, A. Sallis, M. Sanders, D. Berry, F. Greaves, L. Clements and S. Davies (2016), 'Provision of Social Norm Feedback to High Prescribers of Antibiotics in General Practice: A Pragmatic National Randomised Controlled Trial'.
3 Luca, M. (2011), 'Reviews, Reputation, and Revenue: The Case of Yelp.com'.
4 Bandura, A. and D. Cervone, (1983), 'Self-Evaluative and Self-Efficacy Mechanisms Governing the Motivational Effects of Goal Systems'.
5 少なくとも被験者たちはそう信じていた。心理学の研究者たちが好んだバリエーションに、目標を同じにするだけでなく、実際のパフォーマンスとは関係なくフィードバックの内容も同じにする、というものがあった。こうすると、フィードバックの効果がよりはっきりし、目標との関係が重要であることがわかる。
6 ラン・キヴェッツはこれを「進歩の錯覚」と呼んだが、われわれがこれを個人の目標に当てはめる際には、「進歩の実感」という表現が適していると考えた。
7 Goetz, T. (2011), 'Harnessing the Power of Feedback Loops', www.wired.com
8 Veneziano, D., L. Hayden and J. Ye (2010), 'Effective Deployment of Radar Speed Signs'.
9 http://www.stopspeeders.org/options.htm.
10 EEFの研究はオンラインで入手可能。「Feedback」には以下のURLよりエントリーできる:
https://educationendowmentfoundation.org.uk/evidence/teaching-learning-toolkit/feedback.
11 Kellaway, L. (2015), 'A Blast of Common Sense Frees Staff from Appraisals', *Financial Times.*
12 Mueller, C. and C. Dweck (1998), 'Praise for Intelligence Can Undermine Children's Motivation and Performance'.
13 同上
14 Dweck, C. (2012), *Mindset: How You Can Fulfil Your Potential.*[『「やればできる!」の研究:能力を開花させるマインドセットの力』キャロル・S・ドゥエック著、今西康子訳、草思社、2008年]
15 Gerber, A., D. Green and C. Larimer (2008), 'Social Pressure and Voter Turnout:

Evidence from a Large-Scale Field Experiment'.

16 同上

17 同上

18 The Behavioural Insights Team (2014), 'EAST: Four Simple Ways to Apply Behavioural Insights'.

19 Ipsos MORI and the Behavioural Insights Team (2015): 'Major survey shows Britons overestimate the bad behaviour of other people'.

20 Caldini, R. (1984), *Influence: The Psychology of Persuasion*.［『影響力の正体:説得のカラクリを心理学があばく』］

21 Medvec, V., S. Madey and T. Gilovich (1995): 'When less is more: counterfactual thinking and satisfaction among Olympic medalists'.

第7章　あきらめない

1 Duckworth, A., T. Kirby, E. Tsukayama, H. Berstein and K. A. Ericsson (2011): 'Deliberate Practice Spells Success: Why Grittier Competitors Triumph at the National Spelling Bee' and Ericsson, K. A., R. T. Krampe and C. Tesch-Romer (1993), 'The Role of Deliberate Practice in the Acquisition of Expert Performance'.

2 Ericsson, A. and R. Pool (2016), *Peak: Secrets from the New Science of Expertise*.［『超一流になるのは才能か努力か?』アンダース・エリクソン、ロバート・プール著、土方奈美訳、文芸春秋、2016年］

3 Syed, M. (2015), *Black Box Thinking: The Surprising Truth about Success*.［『失敗の科学:失敗から学習する組織、学習できない組織』マシュー・サイド著、有枝春訳、ディスカヴァー・トゥエンティワン、2016年］

4 本文で紹介したエピソードを含め、『*Freakonomics*』(『ヤバイ経済学』)著者らのウェブサイトから、ポッドキャストのダウンロードが可能。
http://freakonomics.com/podcast/the-three-hardest-words-in-the-english-language-a-new-freakonomics-radio-podcast/

5 Haynes, Service, Goldacre and Torgerson (2012), 'Test, Learn, Adapt'.

6 OJJDP News at a Glance (2011), 'Justice Department Discourages the Use of "Scared Straight" Programmes'.

7 同上

8 Grant, A. (2008), 'Employees without a Cause: The Motivational Effects of Prosocial Impact in Public Service'.

9 Di Stefano, G., G. Pisano, F. Gino and B. Staats (2016), 'Making Experience Count: The Role of Reflection in Individual Learning'.

10 Kahneman, D., B. Fredrickson, C. Schreiber and D. Redelmeier (1993), 'When More Pain is Preferred to Less: Adding a Better End'.

11 Kahneman (2011), *Thinking, Fast and Slow*.［『ファスト&スロー:あなたの意思はどのように決まるか?』］

12 Kahneman, Fredrickson, Schreiber and Redelmeier (1993), 'When More Pain is Preferred to Less'.

おわりに

1　Harford (2016), *Messy*.［『ひらめきを生み出すカオスの法則』］

2　具体的には、章ごとに、ひとりが要約を箇条書きにし、もうひとりがそれを文章に落とし込み、その後、じっくりと時間をかけて編集作業を行うという方法をとった。

参考文献

Ayres, I., *Carrots and Sticks: Unlock the Power of Incentives to Get Things Done;* Bantam Dell Publishing Group (2010) [『ヤル気の科学:行動経済学が教える成功の秘訣』イアン・エアーズ著、山形浩生訳、文藝春秋、2012年]

Bazerman, M. and D. Moore, *Judgment in Managerial Decision Making* (eighth edition); John Wiley & Sons (2013) [『行動意思決定論:バイアスの罠』M.H.ベイザーマン、D.A.ムーア著、長瀬勝彦訳、白桃書房、2011年]

Behavioural Insights Team, 'EAST: Four Simple Ways to Apply Behavioural Insights'; Behavioural Insights Team (2014)

Behavioural Insights Team: 'Update Report: 2015–16'; Behavioural Insights Team (2016)

Cialdini, R., *Influence: The Psychology of Persuasion* (revised edition); HarperCollins (1984) [『影響力の正体:説得のカラクリを心理学があばく』ロバート・B・チャルディーニ著、岩田佳代子訳、SBクリエイティブ、2013年]

Dolan, P., *Happiness by Design: Change What you Do, Not How you Think;* Penguin (2014) [『幸せな選択、不幸な選択:行動科学で最高の人生をデザインする』ポール・ドーラン著、中西真雄美訳、早川書房、2015年]

Duckworth, A., *Grit: The Power of Passion and Perseverance;* Scribner Book Company (2016) [『やり抜く力:人生のあらゆる成功を決める「究極の能力」を身につける』アンジェラ・ダックワース著、神崎朗子訳、ダイヤモンド社、2016年]

Dunn, E. and M. Norton, *Happy Money: The New Science of Smarter Spending;* Oneworld Publications (2013) [『「幸せをお金で買う」5つの授業』エリザベス・ダン、マイケル・ノートン著、古川奈々子訳、KADOKAWA、2014年]

Dweck, C., *Mindset: How You Can Fulfil Your Potential;* Random House (2012) [『「やればできる!」の研究:能力を開花させるマインドセットの力』キャロル・S・ドゥエック著、今西康子訳、草思社、2008年]

Gigerenzer, G., *Gut Feelings: The Intelligence of the Unconscious;* Penguin (2007) [『なぜ直感のほうが上手くいくのか?:「無意識の知性」が決めている』ゲルト・ギーゲレンツァー著、小松淳子訳、インターシフト, 2010年]

Gollwitzer, P. and P. Sheeran, 'Implementation Intentions and Goal Attainment: A Meta Analysis of Effects and Processes' (2002)

Grant, A., *Give and Take: A Revolutionary Approach to Success;* Weidenfeld & Nicolson (2013) [『GIVE & TAKE:「与える人」こそ成功する時代』アダム・グラント著、楠木建監訳、三笠書房、2014年]

Halpern, D., *Inside the Nudge Unit: How Small Changes Can Make a Big Difference;* WH Allen (2015)

Harford, T., *Adapt: Why Success Always Starts with Failure;* Little, Brown (2011)［『アダプト思考:予測不能社会で成功に導くアプローチ』ティム・ハーフォード著、遠藤真美訳、武田ランダムハウスジャパン、2012年］

Harford, T., *Messy: How to Be Creative and Resilient in a Tidy-Minded World;* Little, Brown (2016)［『ひらめきを生み出すカオスの法則』ティム・ハーフォード著、児島修訳、TAC株式会社出版事業部、2017年］

Haynes, L., O. Service, B. Goldacre and D. Torgerson, 'Test, Learn, Adapt: Developing Public Policy with Randomised Controlled Trials' (2012)

Kahneman, D., *Thinking, Fast and Slow;* Penguin (2011)［『ファスト&スロー:あなたの意思はどのように決まるか?』(上・下)ダニエル・カーネマン著、村井章子訳、早川書房、2012年］

Lally, P., 'How Habits are Formed', European Journal of Social Psycology (2010)

Layard, R., *Happiness: Lessons from a New Science;* Penguin Press (2005)

Locke, E. and G. Latham, 'Building a Practically Useful Theory of Goal Setting and Task Motivation: A 35-Year Odyssey'; *American Psycologist* (2002)

Mullainathan, S. and E. Shafir, *Scarcity: Why Having Too Little Means So Much;* Allen Lane (2013)［『いつも「時間がない」あなたに:欠乏の行動経済学』センディル・ムッライナタン、エルダー・シャフィール著、大田直子訳、早川書房、2015年］

New Economics Foundation, The, 'Five Ways to Wellbeing' (2008).

Oettingen, G., *Rethinking Positive Thinking: Inside the New Science of Motivation;* Current (2014)［『成功するにはポジティブ思考を捨てなさい:願望を実行計画に変えるWOOPの法則』ガブリエル・エッティンゲン著、大田直子訳、講談社、2015年］

Tetlock, P. and D. Gardner, *Superforecasting: The Art and Science of Prediction;* Random House (2014)［『超予測力:不確実な時代の先を読む10カ条』フィリップ・E・テトロック、ダン・ガードナー著、土方奈美訳、早川書房、2016年］

Thaler, R., *Misbehaving: The Making of Behavioural Economics;* Penguin (2015)［『行動経済学の逆襲』リチャード・セイラー著、遠藤真美訳、早川書房、2016年］

Thaler, R. and C. Sunstein, *Nudge: Improving Decisions about Health, Wealth and Happiness;* Penguin (2008)［『実践行動経済学:健康、富、幸福への聡明な選択』リチャード・セイラー、キャス・サンスティーン著、遠藤真美訳、日経BP社、2009年］

Soman, D., *The Last Mile: Creating Social and Economic Value from Behavioural Insights;* University of Toronto Press (2015)

Syed, M., *Black Box Thinking: The Surprising Truth about Success;* John Murray (2015)［『失敗の科学:失敗から学習する組織、学習できない組織』マシュー・サイド著、有枝春訳、ディスカヴァー・トゥエンティワン、2016年］

根性論や意志力に頼らない
行動科学が教える 目標達成のルール

発行日　2024年9月20日　第1刷

Author　オウェイン・サービス　ローリー・ギャラガー
Translator　国枝成美
Book Designer　秦浩司

Publication　株式会社ディスカヴァー・トゥエンティワン
〒102-0093　東京都千代田区平河町2-16-1 平河町森タワー11F
TEL 03-3237-8321（代表）　03-3237-8345（営業）
FAX 03-3237-8323
https://d21.co.jp/

Publisher　谷口奈緒美
Editor　千葉正幸

Distribution Company
飯田智樹　蛯原昇　古矢薫　佐藤昌幸　青木翔平　磯部隆　井筒浩　北野風生　副島杏南　廣内悠理
松ノ下直輝　三輪真也　八木眸　山田諭志　鈴木雄大　高原未来子　小山怜那　千葉潤子　町田加奈子

Online Store & Rights Company
庄司知世　杉田彰子　阿知波淳平　大﨑双葉　近江花渚　滝口景太郎　田山礼真　徳間凜太郎
古川菜津子　藤井多穂子　厚見アレックス太郎　金野美穂　陳玟萱　松浦麻恵

Product Management Company
大山聡子　大竹朝子　藤田浩芳　三谷祐一　千葉正幸　中島俊平　伊東佑真　榎本明日香　大田原恵美
小石亜季　舘瑞恵　西川なつか　野﨑竜海　野中保奈美　野村美空　橋本莉奈　林秀樹　原典宏　牧野類
村尾純司　元木優子　安永姫菜　浅野目七重　神日登美　小林亜由美　波塚みなみ　林佳菜

Digital Solution & Production Company
大星多聞　小野航平　馮東平　森谷真一　宇賀神実　津野主揮　林秀規　斎藤悠人　福田章平

Headquarters
川島理　小関勝則　田中亜紀　山中麻吏　井上竜之介　奥田千晶　小田木もも　佐藤淳基　福永友紀
俵敬子　池田望　石橋佐知子　伊藤香　伊藤由美　鈴木洋子　藤井かおり　丸山香織

Proofreader　株式会社T&K
DTP　一企画
Printing　中央精版印刷株式会社

ISBN 978-4-7993-3094-4